中国学位与研究生教育学会 编

教育规律读本

育人三十六则

商务印书馆
创于1897 The Commercial Press
2019年·北京

序

“教育”在中国典籍中最早见于《孟子·尽心上》：“得天下英才而教育之，三乐也。”《说文解字》：“教，上所施，下所效也。”“育，养子使作善也。”教育是培养人的一种社会活动，是传递劳动生产和社会生活经验的必要手段，广义上说，凡是增进人们的知识和技能、影响人们思想品德的活动，都是教育。

教育作为面向人的一种社会活动，必然与人的成长规律密切相关，有许多应当遵从的理念和原则，亦有其自身的规律。专门化的教育活动在我国已有两千多年的历史，是我国五千年文明的重要组成部分。许多先贤哲人璀璨深邃的教育思想为人类进步做出了重大贡献，他们揭示的教育原则，在两千多年中，经过不同社会、不同民族的实践，被证明是教育成功所必须遵从和敬畏的铁律。进入近现代，更有一批又一批国内外有识之士献身教育事业，进行长期的教育实践、教育研究和教育创新。他们中有的人坚持不懈，探索符合人类生理和心理成长规律的教育方法；有的人不断推陈出新，创办具有新教育理念和育人文化的各类学校，丰富了人类和各民族的现代教育思想和现代办学模式，同时也多角度揭示、发现、认知了教育范畴许多育人、办学以及推动教育发展方面的规律与原则。

随着人类社会进步和教育发展，在我国，办教育必须遵循教育规律的思想早已成为教育界和全社会的共识。但从整体上看，由于相对缺少对教育规律的系统性挖掘、梳理和深入讨论，对于教育规律和教育原则究竟有哪些基本内容尚未形成社会共识。为了推动教育界对教育规律进行系统性挖掘梳理、深入研究、广泛讨论，从而形成体系、形成共识，使其成为社会常识，中国学位与研究生教育学会经过征集投票、专家研讨，首批遴选了中国古代先贤在其有关典籍中提出的三十六条关于教育规律（原则、理念）的经典断语，并组织有关大学的专家精心撰写了忠于原意的释文，形成这本《教育规律读本》。可以看到，这三十六条均是经过千百年教育实践验证的育人至理，因此称该读本为教育规律之"育人三十六则"。

中国教育实践历史悠久，教育思想源远流长，教育先贤群星灿烂，教育经典浩如烟海。中国学位与研究生教育学会对教育规律和教育原则的系统性挖掘梳理还是初次尝试，必有不足，难免舛误。期待广大读者提出宝贵意见，以便在后续编撰工作中不断改进完善。也希望这本书能引起广大教育工作者对教育规律和教育原则的持续研究与广泛讨论，逐步形成共识，使其成为教育的"孙子兵法"，成为社会常识。

2018年9月28日

目录

教

学

道

教

触类旁通 | Figure out one example then you understand the whole category.

“触类旁通”，源自《周易·系辞上》：“引而伸之，触类而长之，天下之能事毕矣。”又，《乾》卦曰：“六爻发挥，旁通情也。”①《论语·述而》中，子曰：“不愤不启，不悱不发。举一隅不以三隅反，则不复也。”②宋代朱熹集注：“物之有四隅者，举一可知其三……因并记此，欲学者勉于用力，以为受教之地也。”③唐代孔颖达疏云：“谓触逢事类而增长之，若触刚之事类以次增长于刚，若触柔之事类以次增长于柔。”又疏“六爻发挥，旁通情也”云：“发，谓发越也；挥，谓挥散也。言六爻发越挥散，旁通万物之情也。”④清代章学诚《文史通义·诗话》：“事有是非，辞有工拙，触类旁通，启发实多。”⑤凡此无不体现同类观点。

触：遇到；类：事类；旁：其他的；通：通晓。“触类旁通”指掌握了某一事物的规律，从而推知通晓其他同类事物的规律。教育者在进行知识迁移时，首先要奠定可迁移的知识基础；然后通过激发学生学习积极性，促进自我建构，以推进知识迁移；另外，还需提高学生综合分析能力，即知识迁移的能

① 王弼撰，楼宇烈校释，《周易注》，中华书局，2011 年。
② 张燕婴译注，《论语》，中华书局，2006 年。
③ 朱熹撰，《四书章句集注·论语集注》，中华书局，1983 年。
④ 阮元校刻，《十三经注疏·周易正义》（清嘉庆刊本），中华书局，2009 年。
⑤ 章学诚著，叶瑛校注，《文史通义校注》，中华书局，1985 年。

力；最后，创设运用知识进行实践的情境，培养学生触类旁通的能力。

古代典籍中记载了不少触类旁通的故事。如《论语·公冶长》:“子谓子贡曰:‘女与回也孰愈？’对曰:‘赐也何敢望回？回也闻一以知十，赐也闻一以知二。’子曰:‘弗如也！吾与女弗如也。’”[①]大意是：孔子问子贡，子贡与颜回谁更优秀。子贡说，自己不敢和颜回相比，他有听到一件事就可以推知十件事的本领，而自己只能推知两件事。对此，孔子深以为是。

依据此规律进行教育的例子在古籍中同样有体现。如孔子教育学生要会“思”，抓住一件事物的要点推及其他，他教导曾子的“一贯之道”[②]（《论语·里仁》）就是这种推理作用，这样才能“闻一以知十”。对此，孔子采用“不愤不启，不悱不发。举一隅不以三隅反，则不复也”的启发式教学方式，在循循善诱中鼓励学生进行自发的思考，以达到触类旁通的效果。

历史上因触类旁通而成功的事例不胜枚举。如：宋代苏轼“天赋的才气，特别丰厚，可以说是冲破任何界限而不知其所止”[③]。在被贬谪黄州期间，他将大量佛禅经典引入创作，堪为触类旁通的通才大家。

（北京航空航天大学　于淑静、马永红）

① 张燕婴译注，《论语》，中华书局，2006 年。

② 张燕婴译注，《论语》，中华书局，2006 年。

③ 林语堂著，张振玉译，《苏东坡传》，湖南文艺出版社，2012 年。

教学相长 | Teaching benefits students and teachers alike.

“教学相长”，语出西汉戴圣所编《礼记·学记》:“虽有嘉肴，弗食不知其旨也；虽有至道，弗学不知其善也。是故学然后知不足，教然后知困。知不足，然后能自反也；知困，然后能自强也。故曰：教学相长也。《兑命》曰：‘学学半。’其此之谓乎！”①

东汉郑玄对此的解读是:“学则睹己行之所短，教则见己道之所未达。”“自反，求诸己也；自强，修业不敢倦。”“学学半”即“言学人乃益己之学半。”②唐代孔颖达疏曰:“若不学之时，诸事荡然，不知己身何长何短；若学则知己之所短，有不足之处也。”“凡人皆欲向前相进，既知不足，然后能自反向身而求诸己之困，故反学矣。”“凡人多有解息，既知困弊，然后能自强，学其身，不复解息也。”“故曰教学相长也者，谓教能长益于善。”③明代王阳明（即王守仁）在《教条示龙场诸生·责善》中指出:“使吾而是也，因得以明其是；吾而非也，因得以去其非。盖教学相长也。”④

“教学相长”中的“教（jiāo）”与“学”是两种活动，并非现代意义上的“教（jiào）学”。长：长进、推进、促进。“教学相长”的意思是：教和学是相辅相成、相互促进的。《兑命》曰：“学学半。”第一个“学”字音 xiào，是教的意思。后面的“学”

---

① 孙希旦撰，沈啸寰、王星贤点校，《礼记集解》，中华书局，1989 年。
② 阮元校刻，《十三经注疏·礼记正义》（清嘉庆刊本），中华书局，2009 年。
③ 阮元校刻，《十三经注疏·礼记正义》（清嘉庆刊本），中华书局，2009 年。
④ 王守仁著，王晓昕、赵平略点校，《王文成公全书》，中华书局，2015 年。

是学习的意思。即教和学各占一半，是教学过程的两个方面。

“教学相长”有两层意思：一是教与学只有在实践中才能不断提高认识。不学不知自己的不足，不教不知自己的困弊，只有在学习和教学的实践过程中，才能知不足，进而反求诸己，自强修业。二是教与学是教学过程中辩证统一的两个方面，教的过程也是学的过程。在这层意思中，更强调教师在教学过程中要善于发现自身的不足，虚心向学生学习，不断完善，弥补不足，这样才能更好地发挥教师的主导作用。

孔子和他的学生子夏一起谈论诗，孔子说“绘事后素”，子夏问：“礼后乎？”孔子答道：“起予者商也，始可与言《诗》已矣！”[①]（《论语·八佾》）孔子回答子夏对诗句的疑问，子夏由此联想到礼是居于美质之后，孔子因此也受到启发，夸赞子夏从此可以和他谈论《诗》了。同样，孔子和学生子贡谈论学习问题，子贡举一反三，孔子大加称赞：“赐也，始可与言《诗》已矣！告诸往而知来者。”[②]（《论语·学而》）孔子的这种与学生探讨学问、相互促进的教学过程是对教学相长的最好诠释。

唐代韩愈在《师说》中提出：“是故弟子不必不如师，师不必贤于弟子。闻道有先后，术业有专攻，如是而已。”[③]师生之间是相互学习的关系，“无贵无贱，无长无少”[④]，这是对“教学相长”的进一步理解。

（厦门大学　庞瑶、张亚群）

① 张燕婴译注，《论语》，中华书局，2006 年。
② 张燕婴译注，《论语》，中华书局，2006 年。
③ 韩愈著，刘真伦、岳珍校注，《韩愈文集汇校笺注》，中华书局，2010 年。
④ 韩愈著，刘真伦、岳珍校注，《韩愈文集汇校笺注》，中华书局，2010 年。

举一反三 | Learn by analogy.

“举一反三”，源自《论语·述而》：“不愤不启，不悱不发，举一隅不以三隅反，则不复也。”[①]宋代程颐疏解：“愤悱，诚意之见于色辞者也。待其诚至而后告之。既告之，又必待其自得，乃复告尔。”[②]对于受到启发的状态，程颐又说：“不待愤悱而发，则知之不能坚固；待其愤悱而后发，则沛然矣。”[③]宋代朱熹的观点与之相近：“愤者，心求通而未得之意。悱者，口欲言而未能之貌。启，谓开其意。发，谓达其辞。物之有四隅者，举一可知其三。反者，还以相证之义。复，再告也。”[④]“举一反三”连用，始见于初唐虞世南《北堂书钞》引《蔡邕别传》：“邕与李则游学鄙士，时在弱冠，始共读《左氏传》。通敏兼人，举一反三。”[⑤]唐代刘知几在《史通·断限》中批评班固《汉书》时亦用此语：“表志所录，乃尽牺年，举一反三，岂宜若是？”[⑥]

举：列举；反：类推，推论。“举一反三”的意思是：列举一件事情，并以此类推知道其他许多事情，形容善于推论，触类旁通，由此知彼。

要全面理解举一反三，还需结合“不愤不启，不悱不发”

---

① 张燕婴译注，《论语》，中华书局，2006 年。
② 朱熹撰，《四书章句集注·论语集注》，中华书局，1983 年。
③ 朱熹撰，《四书章句集注·论语集注》，中华书局，1983 年。
④ 朱熹撰，《四书章句集注·论语集注》，中华书局，1983 年。
⑤ 虞世南撰，《北堂书钞》，中国书店，1989 年。
⑥ 刘知几著，浦起龙通释，王煦华整理，《史通通释》，上海古籍出版社，2009 年。

来考虑。“愤”就是学生积极思考某一问题、急于解决而又尚未解决时的状态，这时教师应给学生启发指导。“悱”是学生对某一问题已有一段时间的思考但尚未考虑成熟、想表达又难以表达清楚的状态，这时教师应帮助学生弄清事物的本质属性，用比较准确的语言表达出来。让学生充分进行自我思考，能够从一件事情类推至其他事情。

清代邵之棠编纂的《皇朝经世文统编》中载有《记性悟性辨》一文，展现了举一反三在教学过程中的应用：“子夏曰‘月无忘其所能’，言人贵有记性也；孔子曰‘举一隅不以三隅反’，言无悟性，则记性亦徒然也。斯二者相辅而行，相因而得，学问由是成，事理由是发，为古今来学者所不可缺一。”[①]学习不仅需要记性，还必须有悟性，才能举一反三。

（清华大学　王传毅、刘惠琴）

① 邵之棠辑，《皇朝经世文统编》，文海出版社，1980年。

赏罚分明 | Mete out rewards and punishments strictly and fairly.

“赏罚分明”，语出《汉书·张敞传》：“敞为人敏疾，赏罚分明，见恶辄取，时时越法纵舍，有足大者。”① 中国古代将赏罚作为家国治理的重要手段，战国时期的《管子·立政》已有其例：“其赏罚之数必先明之。”②《韩非子·主道》亦然：“是故诚有功，则虽疏贱必赏；诚有过，则虽近爱必诛。”③ 又如三国时期诸葛亮《前出师表》：“宫中府中，俱为一体，陟罚臧否，不宜异同。若有作奸犯科及为忠善者，宜付有司论其刑赏，以昭陛下平明之理，不宜偏私，使内外异法也。”④《三国志·魏书·张鲁传》裴松之注引晋代习凿齿语：“夫赏罚者，所以惩恶劝善也，苟其可以明轨训于物，无远近幽深矣。”⑤ “赏罚分明”同样用于治家。北齐颜之推《颜氏家训·治家》：“笞怒废于家，则竖子之过立见；刑罚不中，则民无所措手足。治家之宽猛，亦犹国焉。”⑥ 即如果家庭教育中缺失了惩戒，孩子就会犯错。

赏：赐予；罚：惩治。“赏罚分明”的意思是：处理事情有清楚明晰的标准，使该得到奖赏的人得到奖赏，该受到惩罚的人受到惩罚。在教育领域，其具体含义是：对学生适时运用奖

① 班固著，颜师古注，《汉书》，中华书局，1962 年。
② 黎翔凤撰，梁运华整理，《管子校注》，中华书局，2004 年。
③ 陈秉才译注，《韩非子》，中华书局，2007 年。
④ 诸葛亮著，段熙仲、闻旭初编校，《诸葛亮集》，中华书局，1960 年。
⑤ 陈寿撰，陈乃乾校点，《三国志》，中华书局，1982 年。
⑥ 王利器撰，《颜氏家训集解》（增补本），中华书局，1993 年。

赏和惩戒的办法，引导或规范其学习、生活行为。

中国古代教育对学生学习的奖惩举措是“赏罚分明”的典型案例。《周礼·春官》“小胥”条：“掌学士之征令而比之，觥其不敬者。巡舞列而挞其怠慢者。”[①] 小胥（相当于助教）会对学生中的“不敬者”和“怠慢者”加以惩戒。汉代王充《论衡·自纪》：“书馆小僮百人以上，皆以过失袒谪，或以书丑得鞭。充书日进，又无过失。手书既成，辞师受《论语》《尚书》，日讽千字。经明德就，谢师而专门，援笔而众奇。”[②] 即“有过失”或“书丑”的学生会被施以惩戒，但“援笔”（拿起笔迅速写成文章）的王充则得到了众人的惊叹和赞扬。

但赏罚也须有度，明代王阳明在《训蒙大意示教读刘伯颂等》中阐释了赏罚不当的后果：“若近世之训蒙稚者，日惟督以句读课仿，责其检束，而不知导之以礼；求其聪明，而不知养之以善；鞭挞绳缚，若待拘囚。彼视学舍如囹狱而不肯入，视师长如寇仇而不欲见，窥避掩覆以遂其嬉游，设诈饰诡以肆其顽鄙，偷薄庸劣，日趋下流。是盖驱之于恶而求其为善也，何可得乎？”[③] “赏无度则费而无恩，罚无度则戮而无威”[④]（《通典·兵三》），宽严适中、公正明确的赏罚方具有良好成效。

（清华大学　王传毅、叶赋桂）

---

① 孙诒让著，汪少华整理，《周礼正义》，中华书局，2015 年。
② 黄晖撰，《论衡校释》，中华书局，1990 年。
③ 王守仁著，王晓昕、赵平略点校，《王文成公全书》，中华书局，2015 年。
④ 杜佑撰，王文锦等点校，《通典》，中华书局，1988 年。

授人以渔 | Teaching one how to fish is better than just giving one a fish.

"授人以渔"的理念，源自《孟子·尽心上》："君子引而不发，跃如也。"[①]宋代朱熹在《孟子集注》中对其做了进一步阐释："君子教人，但授以学之之法，而不告以得之之妙。如射者之引弓而不发矢，然其所不告者，已如踊跃而见于前矣。"[②]在其后的历史过程中，逐渐演绎出了"授人以鱼，不如授人以渔""与其授之以鱼，不如教之以渔"等谚语。

授：给予，传授；渔：捕鱼，代指获得某种物品的方法。"授人以渔"的意思是：送给别人鱼，不如教会别人如何捕鱼。在教育领域，"授人以渔"可以理解为：与其传授给人既有知识，不如传授给人学习知识的方法。在教学过程中，该理念主要强调教师应避免成为"知识搬运工"，将既有的知识告知学生；而应当成为"知识启发者"，传授给学生获取结论、答案的方法和技巧，引导并启发学生积极思考，掌握学习和创新的本领，使学生具备自主学习的能力。

春秋时期，孔子的育人观点就体现了授人以渔的教育理念。孔子曾说："吾有知乎哉？无知也。有鄙夫问于我，空空如也，我叩其两端而竭焉。"[③]（《论语·子罕》）意思是：我有知识吗？其实没有。曾经有个乡下人问我，我对他的问题无以应答，我

---

① 万丽华、蓝旭译注，《孟子》，中华书局，2006年。
② 朱熹撰，《四书章句集注·孟子集注》，中华书局，1983年。
③ 张燕婴译注，《论语》，中华书局，2006年。

只是从问题的正反、始终、上下两个方面去问，这样就可以搞清楚了。可见，孔子教人并不执着于传授知识，在“无知”的情况下通过合理的教学方法引导人思考，同样能够帮助其获得知识。

宋代陆九渊的教育理念与实践同样遵循了授人以渔的教育规律。陆九渊认为，育人的关键在于培育学生学习的主动性、自觉性，帮助其掌握“心悟理融，出于自得”[①]（《文安谥议》）的本领。《陆九渊集·年谱》记载：“傅子渊自此归其家，陈正己问之曰：‘陆先生教人何先？’对曰：‘辨志。’”“时陈正己自槐堂归，问先生所以教人者。正己曰：‘首尾一月，先生谆谆只言辨志……’”[②]傅子渊、陈正己都是陆九渊的弟子，他们听了陆九渊的讲学之后，在回答“陆先生教人教什么？”的问题时，均以“辨志”作为答复。“辨志”即明确自身发展方向。陆九渊在教学过程中强调“辨志”，意在帮助学生以远大志向为引领，形成自主学习、持续探索的良好学习品质。

（北京理工大学　王战军）

① 陆九渊著，钟哲点校，《陆九渊集》，中华书局，1980年。
② 陆九渊著，钟哲点校，《陆九渊集》，中华书局，1980年。

循序渐进 | Follow the proper order and advance step by step.

“循序渐进”，语出宋代朱熹《论语集注》：“此但自言其反己自修，循序渐进耳，无以甚异于人而致其知也。”[①]朱熹认为在贯彻孔子所说的“下学而上达”时，需要采用循序渐进的学习方法，如《宋元学案补遗·读书之要》中记载：“或问：‘读书之法，其用力也奈何？’曰：‘循序而渐进，熟读而精思，可也。’”[②]近似说法在唐代韩愈《答窦存亮秀才书》中已出现：“操数寸之管，书盈尺之纸，高可以钓爵位，若循次而进，亦不失万一于甲科。”[③]“循序渐进”在后世使用颇多，如《清史稿·河渠志三》：“拟分别缓急，次第筹办，不求利多，但求患减，为得寸得尺之计，收循序渐进之功。”[④]《清史稿·于式枚传》：“惟在朝廷本一定之指归，齐万众之心志，循序渐进。”[⑤]

循：按照；序：次序；渐：逐渐。“循序渐进”的意思是：事物的发展或人的学习工作等应按照一定的步骤逐渐深入或提高。

朱熹读书是循序渐进的典型案例。《朱子语类·学五》：“凡读书，先读《语》《孟》，然后观史，则如明鉴在此，而妍丑不

① 朱熹撰，《四书章句集注·论语集注》，中华书局，1983 年。
② 王梓材、冯云濠编撰，沈芝盈、梁运华点校，《宋元学案补遗》，中华书局，2012 年。
③ 韩愈著，刘真伦、岳珍校注，《韩愈文集汇校笺注》，中华书局，2010 年。
④ 赵尔巽等撰，《清史稿》，中华书局，1977 年。
⑤ 赵尔巽等撰，《清史稿》，中华书局，1977 年。

可逃。若未读彻《语》《孟》《中庸》《大学》便去看史，胸中无一个权衡，多为所惑。”[①] 在读书的过程中，应“上句了，然后及下句，前段了，然后及后段，乃能真实该遍，无所不通”[②]。在教育阶段上，朱熹也依据循序渐进的原则将人的受教育阶段分为童蒙、小学、大学。从“始于衣服冠履，次及言语步趋，次及洒扫涓洁，次及读书写文字及诸杂细事宜，皆所当知”[③]（《宋元学案补遗·训学斋规》），到“教之以洒扫、应对、进退之节，礼乐、射御、书数之文”[④]，再到“修身，齐家，治国，平天下”，教育是一个循序渐进的过程。

（清华大学　王传毅、刘惠琴）

① 黎靖德编，王星贤点校，《朱子语类》，中华书局，1986 年。

② 朱熹著，张洪、齐熙编，李孝国、董立平译注，《朱子读书法》，天津社会科学院出版社，2016 年。

③ 王梓材、冯云濠编撰，沈芝盈、梁运华点校，《宋元学案补遗》，中华书局，2012 年。

④ 朱熹撰，《四书章句集注·大学章句》，中华书局，1983 年。

循循善诱 Provide guidance systematically and methodically.

“循循善诱”，源自《论语·子罕》：“夫子循循然善诱人，博我以文，约我以礼，欲罢不能。既竭吾才，如有所立卓尔。虽欲从之，末由也已。”[①]

循循然：循序渐进的样子；诱：诱导，引导。宋代朱熹《论语集注》对此解释：“循循，有次序貌。诱，引进也。博文约礼，教之序也。言夫子道虽高妙，而教人有序也。”“卓，立貌。末，无也。此颜子自言其学之所至也。盖悦之深而力之尽，所见益亲，而又无所用其力也。”[②]《论语·子罕》这段话的意思是：（老师）善于循序渐进地指导我，用文章典籍丰富我的知识，用礼节约束我的行为，我想停止学习也不能。我用尽全力学习，但它似乎仍然矗立在我面前。我想攀登上去，却感到无路可上。这是孔子弟子颜渊对老师学问的由衷赞叹，也形象地刻画了孔子善于启发引导的高超育人能力。成语“循循善诱”源自于此，喻指善于循序渐进地启发诱导别人学习。

孔子是循循善诱的积极倡导者和践行者。他指出，教导学生要“不愤不启，不悱不发”[③]（《论语·述而》）。他又提出，“可与言，而不与之言，失人；不可与言，而与之言，失言。知者

---

① 张燕婴译注，《论语》，中华书局，2006 年。
② 朱熹撰，《四书章句集注·论语集注》，中华书局，1983 年。
③ 张燕婴译注，《论语》，中华书局，2006 年。

不失人，亦不失言”[①]（《论语·卫灵公》），“言未及之而言谓之躁，言及之而不言谓之隐，未见颜色而言谓之瞽”[②]（《论语·季氏》）。这些都是孔子循循善诱教育实践的生动写照，体现在教学过程中，就是要注意掌握学生的心理状态变化，适时施教。

《孔子家语·子路初见》载：“子路初见孔子。子曰：‘汝何好乐？’对曰：‘好长剑。’孔子曰：‘吾非此之问也，徒谓以子之所能，而加之以学问，岂可及乎？’……子路曰：‘南山有竹，不柔自直。斩而用之，达于犀革。以此言之，何学之有？’孔子曰：‘栝而羽之，镞而砺之，其入之不亦深乎？’子路再拜曰：‘敬受教。’”[③]在这段有趣的对话中，孔子与子路同样以竹子设喻，但孔子的喻教更胜一筹，充分体现了孔子循循善诱的教学艺术。

“循循善诱”对后世教育产生了深远影响，《礼记·学记》总结了启发教学三项原则：“道而弗牵，强而弗抑，开而弗达。”[④]汉代郑玄指出孔子把教师启发引导与学生思考积极结合起来，“必待其人心愤愤，口悱悱，乃后启发为说之，如此则识思之深也。”[⑤]宋代张载也提出，“言及而言亦是时，言及而言，非谓答问也，亦有不待问而告之，当其可告而告之也，如天之雨，岂待望而后雨？但时可雨而雨。”[⑥]（《张子语录》）这些经验总结，可以说是对循循善诱教育传统的进一步发展。

（厦门大学　薛成龙）

---

① 张燕婴译注，《论语》，中华书局，2006 年。
② 张燕婴译注，《论语》，中华书局，2006 年。
③ 王德明主编，《孔子家语译注》，广西师范大学出版社，1998 年。
④ 孙希旦撰，沈啸寰、王星贤点校，《礼记集解》，中华书局，1989 年。
⑤ 阮元校刻，《十三经注疏·论语注疏》（清嘉庆刊本），中华书局，2009 年。
⑥ 张载著，章锡琛点校，《张载集》，中华书局，1978 年。

言传身教 | Teach by verbal instructions as well as personal behavior.

“言传身教”，源自南朝宋范晔《后汉书·第五伦传》：“以身教者从，以言教者讼。”[①] 言传：用言语讲解、传授；身教：以行动示范、引领。“言传身教”强调教师不仅要在言语上“传道授业解惑”，做到“学为人师”，以渊博的知识教导学生，更要在实际生活中身体力行、为人师表，做到“行为世范”，以端正的行为和高尚的品格感召学生。

我国古代先贤的很多教育观点都反映了言传身教的思想。孔子既主张“学而不厌，诲人不倦”[②]（《论语·述而》），也提出“其身正，不令而行；其身不正，虽令不从”[③]（《论语·子路》），注重以言传和身教两种方式培育学生。西汉董仲舒曾说：“善为师者，既美其道，有慎其行。”[④]（《春秋繁露·玉杯》）说明了言传与身教并举是为人师的关键。

言传身教的教育理念在很多古代教育家的教育活动中都有体现。宋代朱熹尊崇儒家思想，他一方面教导学生知礼明德，指出“礼”就是对人的生活和行为规范的实践总结：“所谓礼之实者，皆践而履之矣。”[⑤]（《讲礼记序说》）另一方面，他也身体

---

① 范晔撰，李贤等注，《后汉书》，中华书局，1965年。

② 张燕婴译注，《论语》，中华书局，2006年。

③ 张燕婴译注，《论语》，中华书局，2006年。

④ 苏舆撰，钟哲点校，《春秋繁露义证》，中华书局，1992年。

⑤ 朱熹著，《朱文公文集》，台湾商务印书馆，2011年。

力行，为学生树立榜样。其弟子黄榦在《朝奉大夫文华阁待制赠宝谟阁直学士通议大夫谥文朱先生行状》中记录了朱熹的日常："其色庄，其言厉，其行舒而恭，其坐端而直。其闲居也，未明而起，深衣幅巾方履，拜于家庙以及先圣。退坐书室，几案必正，书籍器用必整。……威仪容止之则，自少至老，祁寒盛暑，造次颠沛，未尝有须臾之离也。"①

历史上，也不乏因言传身教而成功的例子。颜回曾称赞孔子循循善诱的言传教导对其成长的促进作用："夫子循循然善诱人，博我以文，约我以礼，欲罢不能。既竭吾才，如有所立卓尔。"②（《论语·子罕》）战国时秦国人薛谭师从秦青学习歌唱，但薛谭浅尝辄止，自以为学到了老师的全部技艺，打算弃学辞归。秦青没有直接劝阻，而是在城外为薛谭设宴送行，打着节拍，唱着慷慨雄壮的歌。薛谭听到老师响遏行云的歌声，这才意识到自己才学浅薄，决定跟随老师继续学习，最终成为了当时著名的歌唱家。

（北京理工大学　王战军）

---

① 纪昀、永瑢等编纂，《景印文渊阁四库全书》，台湾商务印书馆，2008 年。
② 张燕婴译注，《论语》，中华书局，2006 年。

因材施教 | Teach students in accordance with their aptitude.

“因材施教”，源自宋代程颐《河南程氏遗书》：“孔子教人，各因其材。”[①] 宋代朱熹在《论语集注》中征引张栻之语“圣人之道，精粗虽无二致，但其施教，则必因其材而笃焉”[②]，阐发孔子因材施教的理念，并在《孟子集注》中更明确地说：“圣贤施教，各因其材，小以成小，大以成大，无弃人也。”[③]

因：根据；材：与教育相关的素养、志趣、才能等；施：施加，给予。“因材施教”的意思是，根据受教育者的个性差异和不同特点而采取不同的教育措施。依此教育理念，教育者首先应了解教育对象，察其志趣、知其短长；其次教育要看对象，因人而教，各尽其才；同时不能因人愚顽而放弃教育，真正做到“有教无类”。

《论语》记载了孔子因材施教的许多故事。如：“子游问孝。子曰：‘今之孝者，是谓能养。至于犬马，皆能有养；不敬，何以别乎？’子夏问孝。子曰：‘色难。有事，弟子服其劳；有酒食，先生馔。曾是以为孝乎？’”[④]（《论语·为政》）大意是：子游和子夏同向孔子请教什么是孝，但孔子回答不同。对子游强调“敬”，对子夏强调“色”，这是因为子游能养活老人但恭敬

---

① 程颢、程颐著，王孝鱼点校，《二程集》，中华书局，1981 年。

② 朱熹撰，《四书章句集注·论语集注》，中华书局，1983 年。

③ 朱熹撰，《四书章句集注·孟子集注》，中华书局，1983 年。

④ 张燕婴译注，《论语》，中华书局，2006 年。

不够，子夏能孝敬老人但不能和颜悦色。

又如：“子路问：‘闻斯行诸？’子曰：‘有父兄在，如之何其闻斯行之？’冉有问：‘闻斯行诸？’子曰：‘闻斯行之！’公西华曰：‘由也问：闻斯行诸？子曰：有父兄在。求也问：闻斯行诸？子曰：闻斯行之！赤也惑，敢问。’子曰：‘求也退，故进之；由也兼人，故退之。’”[①]（《论语·先进》）其意为：子路问孔子，听到好主张就去做吗？孔子说，有父兄在，你不听听他们的意见怎么就去做呢？冉有也问同样的问题，孔子说，听到就去做。公西华不理解为何同问而不同答。孔子说：冉有遇事畏缩，所以要鼓励他；子路遇事轻率，所以要抑制他。

历史上，更是不乏因材施教而成功的案例。如西晋文学家左思，幼时，父亲培养他书法，他对书法毫无兴趣；父亲又让他学鼓琴，但学了很长时间也弹不出一支像样的曲子。后来父亲发现他有文学天赋，让他改学诗词歌赋，竟然一举成名，成为文学大家，把当时的文学创作推向一个高峰。

（北京语言大学　李宇明）

---

① 张燕婴译注，《论语》，中华书局，2006年。

因势利导 | Give judicious guidance according to circumstances.

“因势利导”，源自西汉司马迁《史记·孙子吴起列传》：“善战者因其势而利导之。”[①]后由战争延伸至其他领域，如宋代陈亮《与韩子师侍郎》：“邦民非难治，又见贤使君严明如此，皆已存不犯有司之念。因势顺导，殆如反掌，不出一月，政平讼息，必将有以自达于天听者。”[②]明代朱国祯《涌幢小品·堤利》：“明农者因势利道，大者堤，小者塘，界以埂，分为塍，久之皆成沃壤。”[③]在教育领域，有专门针对“因势利导”中的“导”的论述，例如《礼记·学记》：“道而弗牵，强而弗抑，开而弗达。道而弗牵则和，强而弗抑则易，开而弗达则思。”[④]即让人明白道理，只加以引导，而不去强迫别人服从；对待学生严格，但并不抑制其个性的发展；加以启发，而不将结论和盘托出。只引导而不强迫，使学习者容易亲近。教师严格而不压抑，使学生能够自由发挥，充分发展。只加以启发而不必全部说出，使学生能够独立思考。

因：顺着，按照；势：趋势；导：引导。“因势利导”的意思是：顺着事物发展的趋势或规律加以引导。在教育领域可理解为，按照学生的发展规律加以引导。

---

① 司马迁撰，《史记》，中华书局，1982 年。
② 陈亮著，邓广铭点校，《陈亮集》(增订本)，中华书局，1987 年。
③ 朱国祯撰，王根林校点，《涌幢小品》，上海古籍出版社，2012 年。
④ 孙希旦撰，沈啸寰、王星贤点校，《礼记集解》，中华书局，1989 年。

孔子教导学生，大多体现了“因势利导”的原则。例如《论语·学而》记载：“子贡曰：‘贫而无谄，富而无骄，何如？’子曰：‘可也。未若贫而乐，富而好礼者也。’子贡曰：‘《诗》云“如切如磋，如琢如磨”，其斯之谓与？’子曰：‘赐也，始可与言《诗》已矣！告诸往而知来者。’”[①]故《论语·子罕》中，颜渊感叹道：“仰之弥高，钻之弥坚，瞻之在前，忽焉在后！夫子循循然善诱人，博我以文，约我以礼，欲罢不能。既竭吾才，如有所立卓尔。虽欲从之，末由也已！”[②]

（清华大学　王传毅、叶赋桂）

① 张燕婴译注，《论语》，中华书局，2006年。
② 张燕婴译注，《论语》，中华书局，2006年。

长善救失 | Promote virtues and correct defects.

“长善救失”，源自《礼记·学记》：“学者有四失，教者必知之。人之学也，或失则多，或失则寡，或失则易，或失则止。此四者，心之莫同也。知其心，然后能救其失也。教也者，长善而救其失者也。”[①]

汉代郑玄阐释说：“救其失者，多与易则抑之，寡与止则进之。”[②]唐代孔颖达注疏曰：“使学者和易以思，是长善；使学者无此四者之失，是救失。唯善教者能知之。”[③]明末王夫之进一步辩证地指出：“多、寡、易、止，虽各有失，而多者便于博，寡者易以专，易者勇于行，止者安其序，亦各有善焉。救其失则善长矣。”[④]（《礼记章句》）

长（zhǎng）：生长，引申为增长、发展、发扬、优化；善：优点，长处，优势；救：拯救，挽救，补救，弥补；失：过失，缺点，缺陷，不足。“长善救失”的意思是：学习的过程容易出现贪多、狭隘、浅尝辄止、畏难而退等偏向，每个人的情况各不相同。因此教师要了解、掌握学生的心理状态，对症下药，补救学生的过失；同时要善于发现学生的优点，使之发展，不因学生的过失而对其产生偏见。教育的作用就在于因势

---

① 孙希旦撰，沈啸寰、王星贤点校，《礼记集解》，中华书局，1989 年。

② 阮元校刻，《十三经注疏·礼记正义》（清嘉庆刊本），中华书局，2009 年。

③ 阮元校刻，《十三经注疏·礼记正义》（清嘉庆刊本），中华书局，2009 年。

④ 王夫之著，《船山遗书》，中国书店，2016 年。

利导，帮助学生发扬长处、克服缺点，将劣势转化为优势。

孔子作为教育大家，特别注意区分学生的不同特点，扬其所长、克其所短。例如，子路勇敢但性子急，孔子经常给予婉转批评。有一回孔子感叹说："道不行，乘桴浮于海。从我者，其由与？"意思是，我的思想主张行不通啊，就只好乘小木筏漂浮海外，跟随我的，只有子路你吧？子路听到老师这样表扬自己，自然很高兴。但孔子话锋一转："由也，好勇过我，无所取材。"①（《论语·公冶长》）意为：子路啊，虽然你的勇气超过我，但其他就没有什么可取之处了。当子路沾沾自喜之时给他泼了一盆大大的冷水，其实是孔子在肯定他的长处之后又不忘抑制其骄傲自满的念头。

《论语》中类似例子还有很多。有一回冉求对孔子说："非不说子之道，力不足也。"冉求解释自己并不是不喜欢孔子的学说，而是自己力量不够。孔子回答："力不足者，中道而废。今女画。"②（《论语·雍也》）面对冉求的不图进取，孔子一针见血地指出他知难而退，并为此找借口，这种严厉的批评其实是"救失"的过程。

值得注意的是，做到长善救失，要求必须对每个学生的个性特点了如指掌，在这方面，孔子就是一个很好的榜样。他曾评价他学生道："柴也愚，参与鲁，师也辟，由也喭。"③（《论语·先进》）只有充分了解学生，才能针对学生的不同特点进行有针对性的教学，引导学生发扬长处，克服不足。

（厦门大学　庞瑶、张亚群）

---

① 张燕婴译注，《论语》，中华书局，2006 年。
② 张燕婴译注，《论语》，中华书局，2006 年。
③ 张燕婴译注，《论语》，中华书局，2006 年。

知行合一 | Pursue the unity of knowing and doing.

“知行合一”，语出明代王阳明《传习录》：“我今说个知行合一，正要人晓得一念发动处，便即是行了。发动处有不善，就将这不善的念克倒了。须要彻根彻底，不使那一念不善潜伏在胸中。此是我立言宗旨。”“某尝说知是行的主意，行是知的功夫。知是行之始，行是知之成。”[①] 因此，阳明学说认为“求理于吾心，此圣门知行合一之教”[②]，即要遵循道德自觉，从心中求理，以实现知行合一。

古人关于知与行的讨论甚是丰富，老子认为“不出户，知天下；不窥牖，见天道。其出弥远，其知弥少。是以圣人不行而知，不见而名，不为而成”[③]（《老子·四十七章》）。即认识不是从实践中来的。但是孔子坚持应“学而时习之”[④]（《论语·学而》）。《荀子·儒效》云：“不闻不若闻之，闻之不若见之，见之不若知之，知之不若行之。学至于行之而止矣。”[⑤] 南宋陆游也在《冬夜读书示子聿》中写道：“纸上得来终觉浅，绝知此事要躬行。”[⑥] 以上皆强调行的重要性。在此基础上，王阳明则认

---

① 王守仁著，王晓昕、赵平略点校，《王文成公全书》，中华书局，2015 年。
② 王守仁著，王晓昕、赵平略点校，《王文成公全书》，中华书局，2015 年。
③ 王弼注，楼宇烈校释，《老子道德经注校释》，中华书局，2008 年。
④ 张燕婴译注，《论语》，中华书局，2006 年。
⑤ 梁启雄著，《荀子简释》，中华书局，1983 年。
⑥ 邹志方选注，《陆游诗词选》，中华书局，2005 年。

为“知而不行，只是未知”[①]（《传习录》），提出“知行合一”的认识论命题，这对后世产生深远影响。明末王夫之强调知行并进，“知行相资以为用，唯其各有致功而亦各有其效，故相资以互用”[②]（《礼记章句》）。清代颜元认为要获得真正有用的知识，必须要通过亲自的“习行”[③]，即直接观察事物，甚至动手去做。

知：知识，智慧，知晓；行：行动或实践。无论是先知后行，还是先行后知，最终都要落实在知行合一、知行互促上。遵循此教育思想，教育者应将“知”和“行”同等对待：在传授知识之外，鼓励学生将知识运用到实践中，在实践中检验真知；同时激发学生投身真实情境或人为创设的环境，从做中学，在实践中自我探索、自我感悟，构建新知识；继而再将新知识应用到实践中，以实现螺旋上升式的知识生产和人才培养。

历史上不乏知行合一而成功的案例，如神农帝因为百姓有病却无法医治，决心亲自尝百草，以确定药性治疗民众。李时珍参考历代医药等书籍八百余种，考古证今、穷究物理，还前往各地收集药物标本，向渔人、樵夫、农民、药工等请教，寻找新药材，在不断探索中完成巨著《本草纲目》，被后世尊为“药圣”。

（北京航空航天大学　于淑静、马永红）

① 王守仁著，王晓昕、赵平略点校，《王文成公全书》，中华书局，2015 年。

② 王夫之著，《船山全书》，岳麓书社，2011 年。

③ 颜元著，王星贤、张芥尘、郭征点校，《颜元集》，中华书局，1987 年。

学

不积跬步，无以至千里 | Small steps get us to faraway places.

“不积跬步，无以至千里”，语出战国末期《荀子·劝学》：“积土成山，风雨兴焉；积水成渊，蛟龙生焉；积善成德，而神明自得，圣心备焉。故不积跬步，无以至千里；不积小流，无以成江海。”[①]《诗经·周颂·敬之》：“日就月将，学有缉熙于光明。”[②]《老子·六十四章》写道：“合抱之木，生于毫末；九层之台，起于累土；千里之行，始于足下。”[③]《韩非子·喻老》写道：“千丈之堤，以蝼蚁之穴溃；百尺之室，以突隙之烟焚。故曰：白圭之行堤也塞其穴，丈人之慎火也涂其隙，是以白圭无水难，丈人无火患。此皆慎易以避难，敬细以远大者也。”[④]汉代王充《论衡·状留》有言：“阳温阴寒，历月乃至；灾变之气，一朝成怪。故夫河冰结合，非一日之寒；积土成山，非斯须之作。”[⑤]北宋欧阳修《伶官传序》：“夫祸患常积于忽微，而智勇多困于所溺，岂独伶人也哉！”[⑥]宋代罗大经《鹤林玉露·一钱斩吏》：“一日一钱，千日一千，绳锯木断，水滴石穿。”[⑦]《北史·魏收传》：“跬步无已，至于千里；覆篑而进，及于万仞。”[⑧]

---

① 梁启雄著，《荀子简释》，中华书局，1983 年。
② 程俊英、蒋见元著，《诗经注析》，中华书局，1991 年。
③ 王弼注，楼宇烈校释，《老子道德经注校释》，中华书局，2008 年。
④ 陈秉才译注，《韩非子》，中华书局，2007 年。
⑤ 黄晖撰，《论衡校释》，中华书局，1990 年。
⑥ 欧阳修撰，徐无党注，《新五代史》，中华书局，1974 年。
⑦ 罗大经撰，王瑞来点校，《鹤林玉露》，中华书局，1983 年。
⑧ 李延寿撰，《北史》，中华书局，1974 年。

凡此都表达了同类思想。

跬（kuǐ）：半步，古时称人行走，举足一次为跬，举足两次为步，故半步叫“跬”。“不积跬步，无以至千里”的意思是：没有一步半步的累积，就没有办法到达千里远的地方，反面论证积累的重要意义。依此教育理念，要求教育者培养学生刻苦执着的学习精神，注重长期积累，静心学习、循序渐进，才能真正学有所成。

古代典籍中记载了不少依据此规律进行教育的例子，如孟子教育学生求学要专一，须持续不断地研究；要按照一定的步骤循序渐进，进了一步再进一步，认为“其进锐者，其退速”[①]（《孟子·尽心上》）。

历史上“不积跬步，无以至千里”的成功案例更是屡见不鲜。如，三国东吴吕蒙虽英勇善战，但早年却不爱读书。经过孙权的劝说，吕蒙不再找借口推脱，开始坚持认真读书，一点点地积累提高自己的学识，等到饱学之士鲁肃路过寻阳、和吕蒙谈论天下大事时，对他的见解大为吃惊，便有了“士别三日，即更刮目相待”[②]（《三国志·吴书·吕蒙传》注引）的名句流传；又如，晋代王献之自小跟父亲王羲之学写字，从基础笔画练习到整字练习，锲而不舍，将自家院子里的十八缸水用完，最终成为著名的书法家。

（北京航空航天大学　于淑静、马永红）

① 万丽华、蓝旭译注，《孟子》，中华书局，2006 年。

② 陈寿撰，陈乃乾校点，《三国志》，中华书局，1982 年。

吃一堑，长一智 | A fall into the pit, a gain in your wit.

“吃一堑，长一智”，源自明代王阳明《与薛尚谦书》：“经一蹶者长一智，今日之失，未必不为后日之得。”[①] 宋代已多有“经事长智”的说法。张载在《经学理窟·气质》中云：“大率因一事长一智，只为持得术博，凡物常不能出博大之中。”[②] 陈师道诗中亦有“经事长一智”[③]（《大风》）句。南宋陈经《尚书详解》卷四十二：“经一变者长一智，遭一蹶者得一便”[④]，两个分句都已经出现。明代出现将其结合的案例，如王志坚《读史商语》卷二：“经一跌者长一智，虽古英雄亦尔矣”[⑤]，冯梦龙编《警世通言·王安石三难苏学士》中“吾辈切记，不可轻易说人笑人，正所谓经一失长一智耳”[⑥]。

堑：坑；智：智慧，见识。“吃一堑，长一智”的意思是：受到一次挫折，得到一次教训，增长一分才智。具体而言，包含两层意思：一是人们应当从过去的失败中吸取经验教训；二是应当在失败面前磨炼意志，从失败中重新站起来，只有这样才能成长。

唐代著名诗人崔颢少年与晚年诗风转变的故事是“吃一堑，

① 王守仁著，王晓昕、赵平略点校，《王文成公全书》，中华书局，2015 年。
② 张载著，章锡琛点校，《张载集》，中华书局，1978 年。
③ 陈师道撰，任渊注，冒广生补笺，冒怀辛整理，《后山诗注补笺》，中华书局，1995 年。
④ 陈经撰，《尚书详解》，中华书局，1985 年。
⑤ 中国国家图书馆编，《原国立北平图书馆甲库善本丛书》，国家图书馆出版社，2013 年。
⑥ 冯梦龙编，曹光甫标校，《警世通言》，上海古籍出版社，1992 年。

长一智”的典型案例。崔颢年少时就很有文名，早年放浪不羁，诗风浮艳，多有轻佻儇薄之作，不脱六朝初唐习气。名满天下的李邕素来喜欢结识才人、奖掖后进，听闻崔颢的才气与声名，特意邀请他前来会面。崔颢向李邕献上自己的诗作，开篇第一首便是“十五嫁王昌，盈盈入画堂。自矜年最少，复倚婿为郎。舞爱前溪绿，歌怜子夜长。闲来斗百草，度日不成妆”。老前辈李邕看到年轻的崔颢竟然献给自己这样绮靡无趣的闺情作品，不禁心下大为不满，斥责崔颢道:“小儿无礼！”便不再接待他。崔颢在李邕这里碰壁后怏怏离去，此后抛弃了靡丽浮华的诗风，游历关塞，军旅诸作成就颇高，瑰奇豪俊，风骨凛然，更留下了《黄鹤楼》这样令李白搁笔的“唐人七律第一”之作。[①]

（清华大学　王传毅、李锋亮）

① 傅璇琮主编,《唐才子传校笺》，中华书局，1987 年。

当仁，不让于师 | Take the path of virtue and yield not even to your teacher.

“当仁，不让于师”，语出《论语·卫灵公》：“子曰：‘当仁，不让于师。’”[①] 宋代朱熹集注：“当仁，以仁为己任也。虽师亦无所逊，言当勇往而必为也。盖仁者，人所自有而自为之，非有争也，何逊之有？程子曰：‘为仁在己，无所与逊。’”[②]

当：面临，遇到；让：谦让，逊让。“当仁，不让于师”的意思是：一个人应以行仁为己任，仁义当前急需行动的时候，即使在老师面前，也不必谦逊，而应该勇而为之。

孔子鼓励弟子勇于担当行仁的责任，实践仁的主张，而不必一切都遵从老师的意见，因为行仁是一个人心里应该有、也应该亲自去做的事，应该主动去做。“当仁，不让于师”也是孔子关于师生关系的重要主张。中国古代有很多关于师生关系的论述，如《礼记·学记》中有“教学相长”“安其学而亲其师”[③]，但是“师道尊严”不等于唯师命是听，学生应敢于表达自己的看法，甚至敢于指出老师的不足或错误，敢于坚持真理。

孔子的很多学生能做到“当仁不让”，敢于在老师面前发表自己的观点和见解，而如果学生说的对，孔子也及时肯定和鼓励。如《论语·阳货》记载：“子之武城，闻弦歌之声。夫子

---

① 张燕婴译注，《论语》，中华书局，2006 年。

② 朱熹撰，《四书章句集注·论语集注》，中华书局，1983 年。

③ 孙希旦撰，沈啸寰、王星贤点校，《礼记集解》，中华书局，1989 年。

莞尔而笑曰：‘割鸡焉用牛刀？’”意思是，治理一个小小的武城，哪里需要用礼乐大道呢？子游时任武城宰（县长），听孔子这样说，就答道：“昔者偃也闻诸夫子曰：‘君子学道则爱人，小人学道则易使也。’”子游说：“我以前听先生您说过：‘君子学道就会爱别人，百姓学道则易于听从政令。’现在您怎么却对我施行礼乐不以为然呢？”孔子听了马上对弟子们说：“二三子！偃之言是也。前言戏之耳！”[①]对子游这种以礼乐为教，从而使政令通达的治理方法给予了肯定。

子路也敢于向老师提出疑问。有一次，晋国的中牟邑宰佛肸来召孔子，孔子考虑前去，子路说：“昔者由也闻诸夫子曰：‘亲于其身为不善者，君子不入也。’佛肸以中牟畔，子之往也，如之何？”子路说：“我曾经听先生您说过，一个人做下了不善的事，作为君子就不到他那里去。这个佛肸据中牟作叛，先生还要去他那里，这怎么解释呀？”对于子路的疑问，孔子回答说：“不曰坚乎，磨而不磷；不曰白乎，涅而不缁。”[②]（《论语·阳货》）孔子说，坚硬的东西怎么磨也磨不薄，洁白的东西染之以黑色染料也不会变黑，以此“喻君子虽在浊乱，浊乱不能污”[③]。既表明自己的观点，也教育启发了学生。

（华南理工大学　张乐平）

① 张燕婴译注，《论语》，中华书局，2006 年。
② 张燕婴译注，《论语》，中华书局，2006 年。
③ 阮元校刻，《十三经注疏·论语注疏》（清嘉庆刊本），中华书局，2009 年。

反求诸己 | Seek the cause in oneself instead of somebody else.

“反求诸己”，语出《孟子·公孙丑上》：“仁者如射，射者正己而后发；发而不中，不怨胜己者，反求诸己而已矣。”[①]孟子还说：“行有不得者皆反求诸己，其身正而天下归之。”[②]（《孟子·离娄上》）任何行为如果没有收到预期效果，都应从自身找原因。

求：追究，寻求。“反求诸己”的意思是反躬自责，体现了严于律己、宽以待人的精神，儒家将其作为君子道德风范的标准。孔子说：“君子求诸己，小人求诸人。”[③]（《论语·卫灵公》）孟子也说“君子必自反”[④]（《孟子·离娄下》）。《荀子·法行》引曾子云：“同游而不见爱者，吾必不仁也；交而不见敬者，吾必不长也；临财而不见信者，吾必不信也。三者在身曷怨人！怨人者穷，怨天者无识。失之己而反诸人，岂不亦迂哉！”[⑤]这是说，自己有过失却埋怨别人，是不切实际的做法。宋代程颐说：“君子之遇艰阻，必反求诸己而益自修。孟子曰：‘行有不得者，皆反求诸己。’故遇艰蹇，必自省于身：有失而致之乎？是反身也。有所未善则改之，无歉于心则加勉，乃自修其德也。”[⑥]

---

① 万丽华、蓝旭译注，《孟子》，中华书局，2006 年。
② 万丽华、蓝旭译注，《孟子》，中华书局，2006 年。
③ 张燕婴译注，《论语》，中华书局，2006 年。
④ 万丽华、蓝旭译注，《孟子》，中华书局，2006 年。
⑤ 梁启雄著，《荀子简释》，中华书局，1983 年。
⑥ 程颢、程颐著，王孝鱼点校，《二程集》，中华书局，1981 年。

(《周易程氏传》)当遇到挫折的时候，不要怨天尤人，而要反躬自省，有则改之，无则加勉。

《吕氏春秋·先己》记载了一个“反求诸己”的故事：“夏后伯启与有扈战于甘泽而不胜，六卿请复之，夏后伯启曰：‘不可。吾地不浅，吾民不寡，战而不胜，是吾德薄而教不善也。’于是乎处不重席，食不贰味，琴瑟不张，钟鼓不修，子女不饬，亲亲长长，尊贤使能，期年而有扈氏服。故欲胜人者必先自胜，欲论人者必先自论，欲知人者必先自知。”[①] 夏启将失败的原因归结为自己德行和教化上的不足，因而努力加强自身修养，很快有扈氏就归服了。

宋代朱熹将“反求诸己”作为行为规范列为书院学规。淳熙七年(1180年)，朱熹复办白鹿洞书院，并为之拟定学规，其第五为“接物之要”，内容为：“己所不欲，勿施于人；行有不得，反求诸己。”[②](《宋元学案·晦翁学案下》)明代王夫之记述他的父亲用“反求诸己”的方式教育自己：“夫之少不自简，多口过。每至发露，先君不急加诘谪，唯正色不与语，问亦不答。故夫之兄弟亦不易自请愆焉。如此旬余，必待真耻内动，流涕求改，而后谴诃得施。已乃释然，至于终世，未尝再举前过以相戒。”[③](《姜斋文集·家世节录》)

(华南理工大学　张乐平)

---

① 许维遹撰，梁运华整理，《吕氏春秋集释》，中华书局，2009年。

② 黄宗羲原著，全祖望补修，陈金生、梁运华点校，《宋元学案》，中华书局，1986年。

③ 王夫之著，《王船山诗文集》，中华书局，1962年。

格物致知 | Obtain knowledge through investigation on the nature of things.

“格物致知”，源自《礼记·大学》：“欲诚其意者，先致其知；致知在格物。物格而后知至，知至而后意诚。”[①]汉代郑玄对此的注解为：“格，来也；物，犹事也。其知于善深，则来善物；其知于恶深，则来恶物。言事缘人所好来也。”[②]中唐李翱《复性书》：“物者万物也，格者来也至也。物至之时，其心昭昭然明辨焉，而不应于物者，是致知也，是知之至也。知至故意诚，意诚故心正，心正故身修，身修而家齐，家齐而国理，国理而天下平。此所以能参天地者也。”[③]宋代程颐认为：“格犹穷也，物犹理也，犹曰穷其理而已也。穷其理，然后足以致之，不穷则不能致也。”[④]（《河南程氏遗书》）宋代朱熹认为：“所谓致知在格物者，言欲致吾之知，在即物而穷其理也。”[⑤]而在明代王阳明看来，“意所在之事谓之物。格者，正也”（《大学问》），“致吾心之良知者，致知也”（《传习录》）。[⑥]格物就是正己意，致知就是致良知，是一种内省。到明末的王夫之时，他认为“盖格物者，即物以穷理，唯质测为得之”[⑦]（《搔首问》），

① 孙希旦撰，沈啸寰、王星贤点校，《礼记集解》，中华书局，1989 年。
② 阮元校刻，《十三经注疏·礼记正义》（清嘉庆刊本），中华书局，2009 年。
③ 董诰等编，《全唐文》，中华书局，1983 年。
④ 程颢、程颐著，王孝鱼点校，《二程集》，中华书局，1981 年。
⑤ 朱熹撰，《四书章句集注·大学章句》，中华书局，1983 年。
⑥ 王守仁著，王晓昕、赵平略点校，《王文成公全书》，中华书局，2015 年。
⑦ 王夫之著，《船山遗书》，中国书店，2016 年。

把“格”理解为重视实地考究、分类认识、把握事物的发展变化规律。

格：推究；致：求得，获得；知：认识，事物发展的起源或原因。“格物致知”的意思是：推究事物的原理，获得知识、道理，了解事物发展的起源或原因。对“格物致知”的这种理解，主要源于朱熹的观点。

朱熹观察竹笋生长规律的故事是格物致知的典型案例。据《朱子语类·杂类》记载：“‘昔有道人云，笋生可以观夜气。尝插竿以记之，自早至暮，长不分寸；晓而视之，已数寸矣。’……后在玉山僧舍验之，则日夜俱长，良不如道人之说。”[①] 即朱子听道人说竹笋在白天不怎么长，而在晚上生长较快，朱子亲自去看的时候却发现竹笋在白天晚上都是在快速生长的，并不如道人所说。朱熹在格竹过程中获得对竹笋生长的正确认识，证谬道听途说之言，正是格物致知的典范。

（清华大学　王传毅、刘惠琴）

---

① 黎靖德编，王星贤点校，《朱子语类》，中华书局，1986 年。

行有余力，则以学文

When the basic rules of behavior are learned, study the classics.

“行有余力，则以学文”，语出《论语·学而》：“子曰：‘弟子入则孝，出则悌，谨而信，泛爱众，而亲仁。行有余力，则以学文。’”[①]宋代朱熹集注：“程子曰：‘为弟子之职，力有余则学文，不修其职而先文，非为己之学也。’尹氏曰：‘德行，本也。文艺，末也。穷其本末，知所先后，可以入德矣。’洪氏曰：‘未有余力而学文，则文灭其质；有余力而不学文，则质胜而野。’”[②]程颐等人的这些论述，是把“力行”与“学文”作为学生的职分，认为二者之间有本末关系，并指出了处理不好二者关系的后果。

行：做，实践；文：指六艺之类的知识。“行有余力，则以学文”这段话的意思是：年轻人在家要孝顺父母，在外要敬爱兄长，谨慎恭敬而诚实守信，广泛地友爱大家，亲近有仁德的人；做好了这些，如果还有余力，就应当学习诗书礼乐等知识。

“行有余力，则以学文”指出了“力行”与“学文”的关系，强调品德养成和行为习惯的培养是教育的基础，教育者要注重学生的道德教育，培养学生养成良好的行为习惯。清代李颙说：“入孝出弟，谨信爱众，亲敬好人，此人道之要、立身行

① 张燕婴译注，《论语》，中华书局，2006年。
② 朱熹撰，《四书章句集注·论语集注》，中华书局，1983年。

己之本、弟子日用职分而教弟子者之先务也。”[①]（《四书反身录》）

清代郑板桥非常重视品德和行为教育。他任山东潍县知县时，儿子留在老家由弟弟郑墨管教。郑板桥在家信中写道：“余五十二岁始得一子，岂有不爱之理！然爱之必以其道，虽嬉戏顽耍，务令忠厚悱恻，毋为刻急也。”他具体说：“家人儿女，总是天地间一般人，当一般爱惜，不可使吾儿凌虐他。凡鱼飧果饼，宜均分散给，大家欢嬉跳跃。若吾儿坐食好物，令家人子远立而望，不得一沾唇齿，其父母见而怜之，无可如何，呼之使去，岂非割心剜肉乎！”关于上学的目的，他说：“夫读书中举中进士作官，此是小事，第一要明理作个好人。”[②]（《潍县署中与舍弟墨第二书》）而关于孩子在学堂里的行为教育，则要求：“吾儿六岁，年最小，其同学长者当称为某先生，次亦称为某兄，不得直呼其名。纸笔墨砚，吾家所有，宜不时散给诸众同学。每见贫家之子，寡妇之儿，求十数钱，买川连纸钉仿字簿，而十日不得者。当察其故而无意中与之。至阴雨不能即归，辄留饭，薄暮，以旧鞋与穿而去。彼父母之爱子，虽无佳好衣服，必制新鞋袜来上学堂，一遭泥泞，复制为难矣。”[③]（《潍县寄舍弟墨第三书》）郑板桥的这种教子方法，很好地体现了“力行”“学文”的思想。

（华南理工大学　张乐平）

---

① 李颙撰，陈俊民点校，《二曲集》，中华书局，1996 年。

② 卞孝萱、卞岐编，《郑板桥全集》（增补本），凤凰出版社，2012 年。

③ 卞孝萱、卞岐编，《郑板桥全集》（增补本），凤凰出版社，2012 年。

勤能补拙 | Diligence is a remedy for lack of talent.

“勤能补拙”，源自唐代魏徵等编纂的《隋书·李德林传》：“以勤补拙，不遑自处。”① 在唐代，“勤”与“拙”的关系已被多人关注。初唐陈子昂《为金吾将军陈令英请免官表》：“臣无田畴乡导之策，又乏杜预度支之才，空竭疲驽，昼夜不息，以勤补拙，首尾三年。”② 中唐白居易《自到郡斋仅经旬日方专公务未及宴游偷闲走笔题二十四韵兼寄常州贾舍人湖州崔郎中仍呈吴中诸客》：“救烦无若静，补拙莫如勤。”③ 此后，北宋黄庭坚《跛奚移文》：“持勤补拙，与巧者俦。”④ 亦为其例。晚明诗文有陈函辉《为谦儿毕姻事用示勉学》“三到有勤能补拙，六谦惟实始宾名”⑤，阎尔梅《沛文学阎公墓志铭》“百勤能补拙，一懒便成愚”⑥。清代郭昆焘《论居官十一则》：“勤能补拙，俭可养廉。二者各相济而交相成，勤以任事，则神不外驰，而世俗之纷华，莫能相扰矣。”⑦

勤：勤奋；拙：笨，不灵巧。“勤能补拙”的意思是：勤奋能够弥补笨拙、不足。

---

① 魏徵等撰，《隋书》，中华书局，1973 年。
② 董诰等编，《全唐文》，中华书局，1983 年。
③ 谢思炜撰，《白居易诗集校注》，中华书局，2006 年。
④ 吕祖谦编，齐治平点校，《宋文鉴》，中华书局，1992 年。
⑤ 陈函辉著，《小寒山子集》，明崇祯刻本。
⑥ 《清代诗文集汇编》编纂委员会编，《清代诗文集汇编》，上海古籍出版社，2010 年。
⑦ 盛康辑，《皇朝经世文编续编》，文海出版社，1966 年。

清代“蜀中三才子”彭端淑《为学一首示子侄》言:“吾资之昏，不逮人也；吾材之庸，不逮人也。旦旦而学之，久而不怠焉，迄乎成，而亦不知其昏与庸也。吾资之聪，倍人也；吾材之敏，倍人也；屏弃而不用，其昏与庸无以异也。圣人之道，卒于鲁也传之。然则昏庸聪敏之用，岂有常哉！……聪与敏，可恃而不可恃也；自恃其聪与敏而不学者，自败者也。昏与庸，可限而不可限也；不自限其昏与庸而力学不倦者，自力者也。”[①] 彭端淑教育他的子弟学习应当勤奋，因为勤奋能够弥补“吾资之昏”与“吾材之庸”，只有“不自限其昏与庸而力学不倦者”，才能够自强自立。

（哈尔滨工业大学　于渤，清华大学　王传毅）

① 李朝正、徐敦忠著，《彭端淑诗文注》，巴蜀书社，1995 年。

穷原竟委 | Make an exhaustive enquiry into things.

“穷原竟委”，也作“穷源竟委”，源自《礼记·学记》：“三王之祭川也，皆先河而后海，或源也，或委也。此之谓务本。”[①]唐代孔颖达疏：“言三王祭百川之时，皆先祭河而后祭海也。或先祭其源，或后祭其委。河为海本，源为委本。”[②]清代张穆《与陈颂南书》：“愿稍敛征逐之迹，发架上书，择其切于实用者一二端，穷原竟委，单心研贯，一事毕更治一事。”[③]

穷：彻底推求；原：源头，根源；竟：穷究；委：水的下游，末尾。“穷原竟委”的意思是深入探求事物的始末，与“寻根究底”“推本溯源”等词语的意义相近，用之于教育，就是要引导学生探究事物的本质，把握事物发展的规律性和一般原理。

中国古代非常重视穷究事物之理，强调在科学研究中探究所以然的重要性，如《周易·说卦》“穷理尽性以至于命”[④]，“穷理”就是搞清楚事物之所以然及其所当然。又如《孟子·离娄下》：“天之高也，星辰之远也，苟求其故，千岁之日至，可坐而致也。”[⑤]意思是说，天虽然很高，星辰虽然很远，只要能推求出其所以然，就可以推算出每年的冬至日期。明代徐光启

---

① 孙希旦撰，沈啸寰、王星贤点校，《礼记集解》，中华书局，1989 年。
② 阮元校刻，《十三经注疏·礼记正义》(清嘉庆刊本)，中华书局，2009 年。
③ 王俭编注，《张穆书信辑存》，三晋出版社，2012 年。
④ 王弼撰，楼宇烈校释，《周易注》，中华书局，2011 年。
⑤ 万丽华、蓝旭译注，《孟子》，中华书局，2006 年。

《简平仪说序》:“故者……各有所以然之故，言理不言故，似理非理也。”[①] 意即如果讲一个原理的时候不说明其原委，就会让人觉得似是而非。徐光启把“推明其故”作为科学研究的任务，强调“一义一法，必深言所以然之故，从流溯源，因枝达干”[②]（《历书总目表》）。

北宋沈括就非常注重探究事物本原和规律。他在论述音律时说:“此皆天理不可易者。古人以为难知，盖不深索之。”[③]（《梦溪笔谈 · 乐律一》）天理即是“自然之理”或“物理”，指事物的本质、属性及发展规律。沈括指出，古人认为规律难以知晓，其实只是没有深入求索而已。他认为，对于物理之微，不能只是一般地接触、观察、验证其形迹现象，必须在此基础上进行比类、考察，“深索”其“不可易者”，方能窥得事物之理。例如他注意到温州雁荡山诸峰“皆峭拔险怪，上耸千尺，穹崖巨谷，不类他山”的独特形貌，通过观察，发现山谷中的水潭“皆是水凿之穴”，想到“世间沟壑中水凿之处皆有植土龛岩，亦此类耳”，又联想到河南成皋、陕西等地方的大山涧与此类似，由此“原其理”，得出“当是为谷中大水冲激，沙土尽去，唯巨石岿然挺立耳”的科学结论。[④]（《梦溪笔谈 · 杂志一》）

（华南理工大学　张乐平）

① 徐光启撰，王重民辑校,《徐光启集》，中华书局，2014 年。
② 徐光启撰，王重民辑校,《徐光启集》，中华书局，2014 年。
③ 沈括撰，金良年点校,《梦溪笔谈》，中华书局，2015 年。
④ 沈括撰，金良年点校,《梦溪笔谈》，中华书局，2015 年。

熟能生巧 | Practice makes perfect.

“熟能生巧”，源自北宋欧阳修之《卖油翁》：“陈康肃公善射，当世无双，公亦以此自矜。尝射于家圃，有卖油翁释担而立，睨之，久而不去。见其发矢，十中八九，但微颔之。康肃问曰：‘汝亦知射乎？吾射不亦精乎？’翁曰：‘无他，但手熟尔。’康肃忿然曰：‘尔安敢轻吾射！’翁曰：‘以我酌油知之。’乃取一葫芦置于地，以钱覆其口，徐以杓酌油沥之，自钱孔入而钱不湿，因曰：‘我亦无他，唯手熟尔。’”[①] 该文记录了卖油老人与陈尧咨的一段对话。陈尧咨擅长射箭，十之八九都能射中。但观看他射箭的卖油老人却仅“微颔之”，陈尧咨以为卖油老人轻视他的箭术，卖油老人却说，没有其他的奥秘，“但手熟尔”。接着卖油老人把一枚铜钱放在葫芦嘴，慢慢将油注入，油从铜钱的孔中注入却不沾湿铜钱。卖油老人说，这也没有别的奥秘，只是熟练罢了。将“熟”与“巧”相结合的案例始见于《朱子语类·朱子一》：“且收敛此心专一，渐渐自会熟，熟了自有此意。看来百事只在熟。且如百工技艺，也只要熟，熟则精，精则巧。”[②]

熟：熟悉，熟练；巧：技艺高超，灵巧。“熟能生巧”的意思是：做一件事足够熟练，就能找到做事的窍门。

---

① 李之亮笺注，《欧阳修集编年笺注》，巴蜀书社，2007 年。

② 黎靖德编，王星贤点校，《朱子语类》，中华书局，1986 年。

历史上不乏熟能生巧的典型案例。东汉张芝潜心研究书法，以帛为纸，临池学书，先练写而后漂洗再用，日复一日，年复一年，水为之黑。后来张芝成为一代大书法家，与钟繇、王羲之、王献之并称“书中四贤”，其学书墨池被称为张芝墨池。后人有诗作怀想张芝遗风，如《敦煌廿咏·墨池咏》：“昔人精篆素，尽妙许张芝。草圣雄千古，芳名冠一时。舒笺行鸟迹，研墨染鱼缁。长想临池处，兴来聊咏诗。”[①]

明代张溥抄书是熟能生巧的又一案例。《明史·张溥传》记载，张溥小时候“嗜学，所读书必手钞，钞已朗诵一过，即焚之，又钞，如是者六七始已。右手握管处，指掌成茧。冬日手皲，日沃汤数次。后名读书之斋曰‘七录’”[②]。后来，张溥成为历史上有名的文学家，博通经史，尤擅散文，少年七录斋中的深厚积累功不可没。

（哈尔滨工业大学　于渤，清华大学　王传毅）

① 陈尚君辑校，《全唐诗补编》，中华书局，1992 年。
② 张廷玉等撰，《明史》，中华书局，1974 年。

温故知新 | Reviewing knowledge from the past brings new insights.

“温故知新”，源自《论语 · 为政》：“温故而知新，可以为师矣。”[①]《礼记 · 中庸》：“温故而知新，敦厚以崇礼。”[②]《汉书 · 成帝纪》：“儒林之官，四海渊原，宜皆明于古今，温故知新，通达国体，故谓之博士。”[③]西晋潘尼《释奠颂》云：“抽演微言，启发道真，探幽穷赜，温故知新。”[④]唐代吴兢在《贞观政要 · 规谏太子》中说：“既雕且琢，温故知新。惟忠与敬，曰孝与仁。则可以下光四海，上烛三辰。”[⑤]明代王阳明亦云：“惟夫知新必由于温故，而温故乃所以知新，则亦可以验知行之非两节矣。”[⑥]（《传习录》）

理解“温故知新”的重点在于“温”。温有三重含义：其一为复习。宋代朱熹解释《礼记 · 中庸》中“温故而知新”句时说：“温，犹燖温之温，谓故学之矣，复时习之也。”[⑦]意为复习过往的知识可以获得新的知识。其二为寻绎。朱熹集注：“温，寻绎也……言学能时习旧闻，而每有新得，则所学在我，而其应不穷。”[⑧]意为探究以前的知识可以获得新的知识。其三

---

① 张燕婴译注，《论语》，中华书局，2006 年。
② 王国轩译注，《大学 中庸》，中华书局，2006 年。
③ 班固著，颜师古注，《汉书》，中华书局，1962 年。
④ 严可均辑，《全上古三代秦汉三国六朝文》，中华书局，1958 年。
⑤ 吴兢撰，谢保成集校，《贞观政要集校》，中华书局，2003 年。
⑥ 王守仁著，王晓昕、赵平略点校，《王文成公全书》，中华书局，2015 年。
⑦ 朱熹撰，《四书章句集注 · 中庸章句》，中华书局，1983 年。
⑧ 朱熹撰，《四书章句集注 · 论语集注》，中华书局，1983 年。

为厚。颜师古注《汉书·成帝纪》:“温，厚也。”[①]意为过往知识的积累将带来新的知识。

孔子学琴的故事是温故知新的典型案例。据《史记·孔子世家》记载，孔子拜师襄子为师学习弹琴。在听完师襄子的演奏后，孔子连续十日练习师襄子所教之曲。师襄子听孔子曲调已经弹熟，说:“此曲你已弹熟，可以再学新曲了。”孔子说:“感谢夫子教诲！该曲虽已练熟，然技巧尚未纯熟，容我继续练习。”一段时间后，师襄子听着后轩中孔子的琴声技巧纯熟，音调和谐，不断点头赞赏，说:“所有技巧你已经掌握了，可以学习新的内容了。”孔子回答说:“我的指法、技巧虽已练熟，但尚未领会此曲的志趣神韵。请容我再练！”过了一段时间，师襄子说:“你已领会曲子的意境，可以学习新曲了。”孔子说:“我还不了解作者。”又过了一段时间，孔子或“穆然深思”，或“怡然高望”，说:“丘得其为人。”[②]

（清华大学　王传毅、刘惠琴）

① 班固著，颜师古注，《汉书》，中华书局，1962 年。
② 司马迁撰，《史记》，中华书局，1982 年。

学而好问 Study diligently and inquisitively.

"学而好问"，源自《论语·公冶长》："子贡问曰：'孔文子何以谓之文也？'子曰：'敏而好学，不耻下问，是以谓之文也。'"[①]宋代朱熹解释道："好，去声。孔文子，卫大夫，名圉。凡人性敏者多不好学，位高者多耻下问。故谥法有以'勤学好问'为文者，盖亦人所难也。孔圉得谥为文，以此而已。"[②]

学：学习；好（hào）：喜欢；问：请教。"学而好问"的意思是：学习要主动提问请教，勤学好问方能获得真知。学问并行，学即继以问，不会则学，不懂则问，虚心求教，学而好问，学问方能有所长进。

《论语》中记载了孔子"学而好问"的许多故事。"旧传言孔子问礼于老聃，访乐于苌弘，问官于郯子，学琴于师襄，即其无常师之证……盖孔子之学，乃能学于众人而益见其仁，益明其道。"[③]子曰："三人行，必有我师焉！择其善者而从之，其不善者而改之。"[④]（《论语·述而》）见贤思齐，虚心向善者学习，谁都可以成为自己的老师。孔子不仅善学，而且好问。《论语·八佾》："子入太庙，每事问。或曰：'孰谓鄹人之子知礼乎？入太庙，每事问。'子闻之曰：'是礼也。'"[⑤]正如孔子所

---

① 张燕婴译注，《论语》，中华书局，2006 年。
② 朱熹撰，《四书章句集注·论语集注》，中华书局，1983 年。
③ 谢席珍著，《论语新解》，兰州大学出版社，1993 年。
④ 张燕婴译注，《论语》，中华书局，2006 年。
⑤ 张燕婴译注，《论语》，中华书局，2006 年。

言，不懂就问，这本身就是合乎礼的行为。学而好问，使孔子成为至圣先师，为后世所尊崇。

古代典籍中也有不少关于“学而好问”的论述。如《礼记·学记》：“善问者如攻坚木，先其易者，后其节目。”[①]《战国策·齐策四》：“无羞亟问，不愧下学。”[②]《荀子·儒效》：“知而好问然后能才。”[③]汉代《太平经·国不可胜数诀》：“学而不力问，与不学者等耳。是故古圣贤之学，旦夕问于师，不敢懈也。”[④]宋代苏轼《书黄筌画雀》：“君子是以务学而好问也。”[⑤]明代吕坤《呻吟语》：“若怠于考古，耻于问人，聪明只自己出，不知怎么叫做学者。”[⑥]清代刘开《问说》：“君子之学必好问。问与学，相辅而行者也。非学无以致疑，非问无以广识；好学而不勤问，非真能好学者也。”[⑦]清代魏源《默觚·治篇一》：“人有恒言曰‘学问’，未有学而不资于问者也。”[⑧]

值得指出的是，善于学习，不仅要不耻于问，还要善于问。问即是学习，即是思考，即是积累与实践的过程。学问相长，学而好问，方能实现学识的发展与提升。

（厦门大学　覃红霞、林思雨）

---

① 孙希旦撰，沈啸寰、王星贤点校，《礼记集解》，中华书局，1989年。

② 何建章注释，《战国策注释》，中华书局，1990年。

③ 梁启雄著，《荀子简释》，中华书局，1983年。

④ 王明编，《太平经合校》，中华书局，2014年。

⑤ 苏轼撰，茅维编，孔凡礼点校，《苏轼文集》，中华书局，1986年。

⑥ 吕坤撰，王国轩、王秀梅整理，《吕坤全集》，中华书局，2008年。

⑦ 《中国文化精华全集》编辑委员会编，《中国文化精华全集 文学卷（一）》，中国国际广播出版社，1992年。

⑧ 魏源著，中华书局编辑部编，《魏源集》，中华书局，2009年。

学以致用 | Study for the sake of application.

"学以致用"，语出元代虞集《赵平章画像赞》："夫公以勋门将胄，笃尚儒业，积学以致用，人莫知其志之所存也。"[①]

"学以致用"是中国传统教育思想的重要内容，多有中国古代先贤经典论述。《论语·子路》讲到，子曰："诵《诗》三百，授之以政，不达；使于四方，不能专对；虽多，亦奚以为？"[②]就是说，熟读《诗经》三百篇，派他从政做官，却不会处理政务；派他当外交使节，却不能单独地办理外交事务；读得虽然很多，又有什么用呢？孔子教育学生不死读书，学习的目的在于运用，不然只能是书呆子，对社会毫无用处。

战国荀子强调"知行统一，学以致用"。《荀子·儒效》："知之而不行，虽敦必困。"[③]意思是，懂得很多道理却不付诸实践，知识再丰厚，也必将遇到困厄。宋代朱熹的知行观也特别强调学以致用、学用结合的重要性："论先后，知为先；论轻重，行为重"(《朱子语类·学三》)，"学之之博，未若知之之要；知之之要，未若行之之实"(《朱子语类·学七》)。[④]

自古以来，有死读书读死书者，不能学以致用，因而铸成大错，甚至丢掉性命。成语"纸上谈兵"说的是战国时，赵国

---

① 李修生主编，《全元文》，江苏古籍出版社，1998 年。

② 张燕婴译注，《论语》，中华书局，2006 年。

③ 梁启雄著，《荀子简释》，中华书局，1983 年。

④ 黎靖德编，王星贤点校，《朱子语类》，中华书局，1986 年。

的名将之后赵括，从小学习兵法，熟知兵书，谈起兵事来他父亲也难不住他，却没有实际经验。秦赵长平之战，赵括率领的军队全军覆没，他自己也被秦军射杀。

宋代陆游《冬夜读书示子聿》:“古人学问无遗力，少壮工夫老始成。纸上得来终觉浅，绝知此事要躬行。”[①] 明代李时珍是一个富有实践精神的医药家，他在读书过程中，发现古代的本草书存在不少问题，于是决定重新编著一本。为此，李时珍读遍古今医籍，掌握了精湛的医术，后来又行程万里，实地调查，细心观察，纠正了旧本草书上的错误，历时近 30 年终成正果。他的所做所为，正是学以致用的有力例证。实践是检验真理的唯一标准。

（首都师范大学　谭小慧，北京师范大学　周明全）

---

① 邹志方选注，《陆游诗词选》，中华书局，2005 年。

道

传道，授业，解惑 | Spread virtues，impart knowledge and resolve doubts.

“传道授业解惑”，语出唐代韩愈《师说》：“师者，所以传道受业解惑也。”[①]受，通“授”。“传道授业解惑”是对教师职责的高度概括，强调教师应以传道为首要任务，这体现了立德树人的教育理念。中国古代非常强调教师的传道和喻德之责，如《礼记·文王世子》：“师也者，教之以事而喻诸德者也。”[②]这是说，教师的职责就是在教学生做事的过程中充分晓以道德。汉代郑玄注《周礼》：“师，教人以道者之称也。”[③]

“传道授业解惑”反映了教育过程与教育内容的全面性、综合性。“道”原指儒家的社会政治伦理，在现代教育中，“道”的内涵非常丰富，包括思想品德、学习和处世的方式方法、事物的客观规律及真理、主张等。“业”主要是指学科和专业领域的知识和技能，“惑”则是指“道”与“业”两方面的疑难。根据这样的职责定位，教师须善于闻道、精于修业，以令人信服的方式解答疑难。孔子有言：“学而不厌，诲人不倦。”[④]（《论语·述而》）又说：“温故而知新，可以为师矣。”[⑤]（《论语·为政》）这是强调教师要不断学习，提高学问水平，以“自明”而“明

① 韩愈著，刘真伦、岳珍校注，《韩愈文集汇校笺注》，中华书局，2010年。
② 孙希旦撰，沈啸寰、王星贤点校，《礼记集解》，中华书局，1989年。
③ 阮元校刻，《十三经注疏·周礼注疏》（清嘉庆刊本），中华书局，2009年。
④ 张燕婴译注，《论语》，中华书局，2006年。
⑤ 张燕婴译注，《论语》，中华书局，2006年。

人”。[①]（《四书训义》）而汉代董仲舒则提出：“善为师者，既美其道，有慎其行。”[②]（《春秋繁露·玉杯》）强调教师既要提高自己的道德水平，又要谨慎自己的行为，为学生树立榜样。这些都是为师者履行“传道授业解惑”职责所应具备的修养和素质。

关于如何提高“传道授业解惑”的效果，古人有许多颇有价值的观点和经验。如宋代王安石说：“古之学者，虽问以口，而其传以心；虽听以耳，而其受以意。故为师者不烦，而学者有得也。”[③]（《书洪范传后》）这是说，学生学习虽然是口问耳听，但是教师在教学时须用心尽意，使“道”和“业”达至学生心里，促使学生开动脑筋进行思考，这样老师教起来轻松愉快，学生也易有收获。宋代陆九渊是一位善于教学的老师，史载他“教人不用学规，有小过，言中其情，或至流汗，有怀于中而不能自晓者，为之条析其故，悉如其心”[④]（《宋史·陆九渊传》）。对于小有过错的学生，由于学生可能还不知道自己错在哪里，陆九渊不生硬地使用戒律，而是晓之以理、动之以情，细致地为学生分析原因，这种解惑方式的效果往往更好。陆九渊自己也说：“吾与人言，多就血脉上感移他，故人之听之者易，非若法令者之为也。”[⑤]（《陆九渊集·语录上》）这是一种注重情感的教育方式，易于为学生心悦诚服地接受。

（华南理工大学　张乐平）

---

① 王夫之著，《船山全书》，岳麓书社，2011 年。
② 苏舆撰，钟哲点校，《春秋繁露义证》，中华书局，1992 年。
③ 詹大和等撰，裴汝诚点校，《王安石年谱三种》，中华书局，1994 年。
④ 脱脱等撰，《宋史》，中华书局，1985 年。
⑤ 陆九渊著，钟哲点校，《陆九渊集》，中华书局，1980 年。

苟日新，日日新，又日新 | Renew yourself daily.

“苟日新，日日新，又日新”，语出《礼记·大学》：“汤之《盘铭》曰：‘苟日新，日日新，又日新。’《康诰》曰：‘作新民。’《诗》曰：‘周虽旧邦，其命惟新。’是故君子无所不用其极。”[①] 原文可以大致翻译为：商朝的开国君主商汤，在天天面对的盥洗盆（或澡盆）上刻雕箴言来激励自己：“如果每天洗脸洗澡除去污垢而使身体焕然一新，那就应该坚持天天新，而且还要继续做到一天更比一天新。”《康诰》说：“使旧人成为新人。”《诗经》说：“周虽然是旧国，但天命却是全新的。”因此，君子在求新创新时往往无不用尽全力而追求尽善尽美。

苟：如果，假如；日：每天，天天；新：异于旧质的创新活动、创新状态、创新进程。“苟日新，日日新，又日新”，其要义就在于这是一个具有无限连续性和无限想象性的“新”，如果一天要新，那就天天要新，更要每天出新，大约“创新”一词滥觞于此。

《周易·杂卦》：“革，去故也，鼎，取新也。”[②] 这是成语“革故鼎新”的来源。《周易》有革卦和鼎卦：革象，有去故之意；鼎象，于百姓而言是煮食之器，于国家而言则为重器，而有取新之意。《周易·系辞上》：“富有之谓大业，日新之谓盛

① 王国轩译注，《大学 中庸》，中华书局，2006 年。

② 王弼撰，楼宇烈校释，《周易注》，中华书局，2011 年。

德，生生之谓易。”[①]唐代孔颖达疏曰：“其德日日增新。”[②]可见，新陈代谢，生生不息，就是“变易”，就是“盛德”，就是“日新”，就是“苟日新，日日新，又日新”。

苟日新，日日新，又日新，要义更在于“新”的主体和“新”的内容。南宋钱时《融堂四书管见》：“《盘铭》之新，新德也；《康诰》之新，新民也；文王诗之新，新天命也。君子用心无所不至，故曰‘无所不用其极’。只为天地间事，皆吾分内事，有纤毫不至，便是不诚。”[③]《盘铭》之新，是新德，是自新；《康诰》之新，是新民，是他新；文王诗之新，是新命，是天新！

《礼记・大学》：“大学之道，在明明德，在亲民，在止于至善。”[④]“明明德”，就是自新；“亲民”，就是新民；“止于至善”，就是“为人君，止于仁；为人臣，止于敬；为人子，止于孝；为人父，止于慈；与国人交，止于信”[⑤]，从而不断革故鼎新，不断去陈布新，不断造就全新人才，创设一个和谐美好的全新社会。

（中国人民大学　韩陈其）

① 王弼撰，楼宇烈校译，《周易注》，中华书局，2011 年。
② 阮元校刻，《十三经注疏・周易正义》（清嘉庆刊本），中华书局，2009 年。
③ 永瑢、纪昀等编纂，《文渊阁四库全书》，上海古籍出版社，2003 年。
④ 王国轩译注，《大学 中庸》，中华书局，2006 年。
⑤ 王国轩译注，《大学 中庸》，中华书局，2006 年。

和而不同 | Be in harmony with others while maintaining uniqueness.

“和而不同”，语出《论语·子路》：“君子和而不同，小人同而不和。”[①]意思是君子和谐却不同一，小人同一却不和谐。宋代朱熹集注：“和者，无乖戾之心。同者，有阿比之意。尹氏曰：‘君子尚义，故有不同。小人尚利，安得而和？’”[②]三国何晏集解：“君子心和，然其所见各异，故曰不同。小人所嗜好者则同，然各争利，故曰不和。”[③]此意亦见《周易》。“《象》曰：‘上火下泽，睽。君子以同而异。’”[④]（《周易·睽》）意指君子观睽而知“合睽”之道，以存“异”之法而谋求事物之大“同”。“《彖》曰：‘睽，火动而上，泽动而下。’”[⑤]（《周易·睽》）火动，指上卦离，离为火，跳动燃烧于上。泽动，指下卦兑，兑为泽，泽水有向下流动的特性。此种现象象征“乖异背离”，喻君子对人、对事的真理就在于“同而异”，就在“和而不同”。

“和”乃“异”（不同）之“和”；“和”与“异”融为一体。对“和而不同”的深刻寓意，清代吕留良在《四书讲义·论语十三》释曰：“不同正所以圆足君子之和，分开有正面反面，合之只成一件，非和之外另有个不同，亦非外和而内不同，亦非

① 张燕婴译注，《论语》，中华书局，2006年。

② 朱熹撰，《四书章句集注·论语集注》，中华书局，1983年。

③ 程树德撰，程俊英、蒋见元点校，《论语集释》，中华书局，1990年。

④ 王弼撰，楼宇烈校释，《周易注》，中华书局，2011年。

⑤ 王弼撰，楼宇烈校释，《周易注》，中华书局，2011年。

常居时和而论辨时不同。看成两件，便有弊病。和自是不同，不同正是和处，此‘而’字直下意也。然和自有和之义，不同自有不同义，此‘而’字分辨意也。和自是不同，不同正其所以和；有不同处见其和，有和处见其不同。”[①]“和”与“异”的辩证关系显而易见。

和而不同，有深刻的哲理教育价值，不仅令人际关系和谐，也令社会和谐，对教育有启发意义。《国语·郑语》记载了史伯为桓公论兴衰的对话。公曰：“周其弊乎？”对曰：“殆于必弊者也。”原因是什么？史伯释说：“去和而取同。夫和实生物，同则不继。以他平他谓之和，故能丰长而物归之；若以同裨同，尽乃弃矣。”其哲理是，多样性统一可以生成万物，单一雷同就不能发展；把不同的东西加以协调平衡叫作多样性统一，所以能丰富发展而使万物归于统一；如果把相同的东西简单相加，用尽之后就完了。史伯曰：“故先王以土与金木水火杂，以成百物。是以和五味以调口，刚四支以卫体，和六律以聪耳，正七体以役心，平八索以成人，建九纪以立纯德，合十数以训百体。”[②]其意指处理国家事务须做到多样性统一而非单一雷同。在实际生活中，因存在诸多合理合法的“异”，社会才有和谐共存局面。以教育为例：著名教育家蔡元培采取“思想自由，兼容并包”的办学方针，使北京大学成为新文化运动中心，对中国社会发展进程起了巨大的推动作用。

（东南大学　耿有权）

① 吕留良撰，俞国林编，《吕留良全集》，中华书局，2015 年。
② 徐元诰撰，王树民、沈长云点校，《国语集解》（修订本），中华书局，2002 年。

尽信书，则不如无书

One is better off without books than believing everything that one reads.

“尽信书，则不如无书”，语出《孟子·尽心下》：“尽信《书》，则不如无《书》。吾于《武成》，取二三策而已矣。仁人无敌于天下，以至仁伐至不仁，而何其血之流杵也？”[①] 书，原指《尚书》，后泛指书籍；武成，《尚书》篇名；策，竹简，古人用作书写的工具。意思是，完全相信《尚书》，不如没有《尚书》。我对于《武成》一篇，所取不过两三片竹简罢了。

孟子在阅读《尚书》时，对武王伐纣这一重大历史事件的描写很不理解，尤其是对伤亡惨重、血流成河的描述感到费解。武王率领的是正义之师，讨伐纣王时又得到了部分商朝军人的积极响应，理应一路所向披靡，顺利击败纣王大军才对，何以至于“血之流杵”呢？倘若写的并不是两军交战的场面，那么只能是胜利方疯狂血洗了敌军。可是这样一想就觉得更加不对了，武王大军乃仁义之师，怎么可能做出这么残暴的事情呢？想来想去，孟子便怀疑《尚书》的记述有误，不禁发出了“尽信《书》，则不如无《书》”的感慨。其实，当时武王的军队并没有和纣王大军发生正面冲突，而是纣王军队前阵倒戈，军队内部进行了一场残酷的厮杀，造成了血流成河的场面。《尚书》所载无误，但孟子这种敢于大胆怀疑的精神非常可嘉。孟子读

① 万丽华、蓝旭译注，《孟子》，中华书局，2006 年。

书对里面的内容持保留态度，敢于提出自己的观点，不被前人言论所束缚，成为了战国时期颇有独到见解的思想家。

“尽信书，则不如无书”，反映了孟子思想中极其闪光的一面，即辩证的思想。这是对孔子的“多闻阙疑”“多见阙殆”[①]（《论语·为政》）思想的发展。疑是启发思维的起点，这是孟子留给我们的启发和发展学生思维的重要经验。

“不辨锡饧”讲的是明朝初年名医戴元礼的故事。他路过一个医馆，发现医生给病人开的药方中用“锡”做药引子，心生疑惑，便问那个医生开这个药引的依据是什么。医生拿出一部医书，理直气壮地让戴元礼自己看。书上确实是这样写的，但他仍然不能相信。为了弄清楚这个问题，他翻阅了大量医书，结果发现另一版本上写的药引是“饧”。那时，“饧”是糖的古体字。戴元礼终于弄清了这是翻版重印时的错误。由于戴元礼的质疑精神，避免了一次“医疗事故”。因此，大胆怀疑，小心论证，这不但不是对著书者的不敬，反而是秉承了严谨的求学精神，也只有在不断的怀疑中，人类的文明才会得到长足进步。

（首都师范大学　谭小慧，北京师范大学　周明全）

① 张燕婴译注，《论语》，中华书局，2006年。

立德树人 | Advocate moral education and cultivate people.

“立德树人”，由“立德”和“树人”两个概念组成，意为修立圣人之德，培植品学兼优之人。

“立德”，语出《左传·襄公二十四年》。晋国大臣范宣子与鲁国大夫叔孙豹讨论何为“死而不朽”问题时，叔孙豹指出：“大上有立德，其次有立功，其次有立言。虽久不废，此之谓不朽。”[①]这就是著名的“三不朽”命题，意指一个人如在德业、功业、言论任何一个方面有所建树，即便故去久远，也不会被废弃，是为不朽，而立德为最高层次。唐代孔颖达解释道：“立德，谓创制垂法，博施济众，圣德立于上代，惠泽被于无穷。”[②]在他看来，立德即树圣人之德，创制他人可以效法的德目和规范，广而施之，既可惠及社会，又可泽及未来。

立德在古代即被视为一种高尚的人格。《孔子家语·在厄》用“且芝兰生于深林，不以无人而不芳。君子修道立德，不谓穷困而改节”[③]，喻君子立德之高尚。三国魏李康《运命论》：“若夫立德必须贵乎？则幽、厉之为天子，不如仲尼之为陪臣也。必须势乎？则王莽、董贤之为三公，不如扬雄、仲舒之阒其门也。必须富乎？则齐景之千驷，不如颜回、原宪之约其身

---

① 阮元校刻，《十三经注疏·春秋左传正义》（清嘉庆刊本），中华书局，2009年。

② 阮元校刻，《十三经注疏·春秋左传正义》（清嘉庆刊本），中华书局，2009年。

③ 王德明主编，《孔子家语译注》，广西师范大学出版社，1998年。

也。”[1]提出立德是一个人心性的功夫，“贵”“势”“富”并非其必要条件。立德作为教育首要目的也早已成为传统。孔子曰：“德之不修，学之不讲，闻义不能徙，不善不能改，是吾忧也。”[2]（《论语·述而》）

“树人”，语出《管子·权修》：“一年之计莫如树谷，十年之计莫如树木，终身之计莫如树人。”[3]唐代房玄龄注曰：“树人，谓济我而立之。”[4]《尔雅·释言》解释“济”的含义为“渡也”“成也”“益也”。[5]树人即“助益于人，使之成人”之意。

西汉刘向《说苑·复恩》中记载：“阳虎得罪于卫，北见简子曰：‘自今以来，不复树人矣。’简子曰：‘何哉？’阳虎对曰：‘夫堂上之人，臣所树者过半矣，朝廷之吏，臣所立者亦过半矣，边境之士，臣所立者亦过半矣。今夫堂上之人，亲却臣于君，朝廷之吏，亲危臣于法，边境之士，亲劫臣于兵。’简子曰：‘唯贤者为能报恩，不肖者不能。夫树桃李者，夏得休息，秋得食焉；树蒺藜者，夏不得休息，秋得其刺焉。今子之所树者，蒺藜也，非桃李也。自今以来，择人而树之，毋已树而择之。’”[6]后人用“择人而树”来告诫在选拔培养官吏时一定要注重选择品行兼优的人。

（东南大学　陆华）

① 严可均辑，《全上古三代秦汉三国六朝文》，中华书局，1958 年。
② 张燕婴译注，《论语》，中华书局，2006 年。
③ 黎翔凤撰，梁运华整理，《管子校注》，中华书局，2004 年。
④ 房玄龄注，刘绩补注，刘晓艺校点，《管子》，上海古籍出版社，2015 年。
⑤ 管锡华译注，《尔雅》，中华书局，2014 年。
⑥ 刘向撰，向宗鲁校证，《说苑校证》，中华书局，1987 年。

三人行，必有我师 | In a party of three there must be one whom I can learn from.

“三人行，必有我师”，语出《论语·述而》：“子曰：‘三人行，必有我师焉。择其善者而从之，其不善者而改之。’”[①]宋代朱熹集注：“三人同行，其一我也。彼二人者，一善一恶，则我从其善而改其恶焉，是二人者皆我师也。尹氏曰：‘见贤思齐，见不贤而内自省，则善恶皆我之师，进善其有穷乎？’”[②]

行：同行。“三人行，必有我师”一段话的意思是：几个人在一起，别人必定有值得自己学习的，选择其善而师从，对其不善的地方，如果自己也有这方面的问题，就加以改正。此语指出了“学无常师”的道理，强调应虚心向其他人学习，不耻下问。关于可以为师者，古人多有论述，如《荀子·修身》：“非我而当者，吾师也。”[③]指出我的错误而且说得对的人，就是我的老师。晋代潘岳《闲居赋》：“教无常师，道在则是。”[④]道在谁手里，谁就是我的老师。唐代杜甫对想学诗的年轻人说：“别裁伪体亲风雅，转益多师是汝师。”[⑤]（《戏为六绝句》）“转益多师”就是无所不师，即孔子“必有我师”之意，即是说要坚持择善而从、不善而改，兼取众长，广泛学习。

---

① 张燕婴译注，《论语》，中华书局，2006 年。
② 朱熹撰，《四书章句集注·论语集注》，中华书局，1983 年。
③ 梁启雄著，《荀子简释》，中华书局，1983 年。
④ 严可均辑，《全上古三代秦汉三国六朝文》，中华书局，1958 年。
⑤ 萧涤非主编，《杜甫全集校注》，人民文学出版社，2014 年。

孔子是一个无所不学的人。《论语・八佾》记载:“子入太庙,每事问。或曰:‘孰谓鄹人之子知礼乎?入太庙,每事问。’子闻之曰:‘是礼也。’”[①] 这个故事是说,孔子进了太庙,经常发问,有人便说:“谁说他懂得礼呢?”孔子听到这话之后,就说:“这正是礼啊!”在这里,孔子把虚心求教作为一种道德修养来看待。唐代韩愈对“三人行,必有我师”的内涵进行了发挥,提出了师生关系的主张:“圣人无常师,孔子师郯子、苌弘、师襄、老聃。郯子之徒,其贤不及孔子。孔子曰:‘三人行,则必有我师。’是故弟子不必不如师,师不必贤于弟子。闻道有先后,术业有专攻,如是而已。”[②](《师说》)

古人还非常重视“交以为师”,通过师友之间的交流增进学问、修养德行,尤其是要向与自己不同、水平比自己高的人学习。韩愈曾经推荐殷侑担任侍御史,后来殷侑写了一本书《新注公羊春秋》送给韩愈,韩愈看了之后非常赞赏,他在给殷侑的信中说自己:“一来应举,事随日生,虽欲加功,竟无其暇。游从之类,相熟相同,不教不学,闷然不见己缺。日失月亡,以至于老,所谓无以自别于常人者。”[③](《答殷侍御书》)善为人师的韩愈是在说明一个道理:如果总是跟与自己熟悉和相似的人在一起,既没有请教,也没有学习,这样对自己的缺点就全然不觉,就没有长进,长此以往,学问水平就会越来越低。

(华南理工大学　张乐平)

① 张燕婴译注,《论语》,中华书局,2006 年。

② 韩愈著,刘真伦、岳珍校注,《韩愈文集汇校笺注》,中华书局,2010 年。

③ 韩愈著,刘真伦、岳珍校注,《韩愈文集汇校笺注》,中华书局,2010 年。

性相近，习相远 | Men are born with similar nature, but habits make them differ.

“性相近，习相远”，语出《论语·阳货》：“性相近也，习相远也。”[①]宋代朱熹集注曰：“此所谓性，兼气质而言者也。气质之性，固有美恶之不同矣。然以其初而言，则皆不甚相远也。但习于善则善，习于恶则恶，于是始相远耳。”[②]子曰：“吾少也贱，故多能鄙事。君子多乎哉？不多也。”[③]（《论语·子罕》）

“性”，指人先天具有的素质和性情。对“性”的理解，孟子主张人性本善，认为“仁义礼智，非由外铄我也，我固有之也，弗思耳矣”[④]（《孟子·告子上》）；荀子主张人性本恶，认为“生而有疾恶”[⑤]（《荀子·性恶》）；汉代董仲舒认为人性有善有恶，提出了性三品说[⑥]。“性相近”指人（或生命）的原始天性是相似的，它肯定人的天赋禀性相近，实际含有人人平等的意义。

“习”，意为习惯，指人与外界客观事物所发生的联系。人的实践活动均可视作“习”。通过“习”，人受后天环境的影响和社会化过程而养成各种特性，如“近朱者赤，近墨者黑”。“习相远”指人后天养成的习性在道德、知识和才能方面互相之间差异甚大。《论语注疏》正义曰：“若习于善则为君子，若习于

① 张燕婴译注，《论语》，中华书局，2006 年。
② 朱熹撰，《四书章句集注·论语集注》，中华书局，1983 年。
③ 张燕婴译注，《论语》，中华书局，2006 年。
④ 万丽华、蓝旭译注，《孟子》，中华书局，2006 年。
⑤ 梁启雄著，《荀子简释》，中华书局，1983 年。
⑥ 苏舆撰，钟哲点校，《春秋繁露义证》，中华书局，1992 年。

恶则为小人。”①

古代先贤思想中包含了“性相近，习相远”的观点。汉代王符《潜夫论·本政》:“夫善恶之象，千里合符，百世累迹，性相近而习相远。”②宋代王应麟《三字经》亦书“人之初，性本善。性相近，习相远”③。明代王夫之亦说“性者天道，习者人道”④(《俟解》)。历史上，不乏运用“性相近，习相远”教育规律的案例。例如,《三字经》所述“昔孟母，择邻处。子不学，断机杼”⑤，讲的是战国时，孟子母亲曾三次搬家，是为使孟子有个好的学习环境。一次，孟子逃学，孟母生气地把刚织好的布剪断来教育他，让他明白做事半途而废是不行的。这个故事，体现了后天良好的教育环境对人成长成才的重要性。

（东南大学　崔军、耿有权）

① 阮元校刻,《十三经注疏·论语注疏》(清嘉庆刊本)，中华书局，2009 年。
② 王符著，汪继培笺，彭铎校正,《潜夫论笺校正》，中华书局，1985 年。
③ 冯国超译注,《三字经》，商务印书馆，2015 年。
④ 王夫之著,《船山全书》，岳麓书社，2011 年。
⑤ 冯国超译注,《三字经》，商务印书馆，2015 年。

学而不厌，诲人不倦

Have an insatiable hunger for learning and never get bored in teaching.

“学而不厌，诲人不倦”，语出《论语·述而》：“子曰：‘默而识之，学而不厌，诲人不倦，何有于我哉？’”孔子谦逊地说自己只是好学而已：“若圣与仁，则吾岂敢！抑为之不厌，诲人不倦，则可谓云尔已矣！”[①]又如：“子贡问于孔子曰：‘夫子圣矣乎？’孔子曰：‘圣则吾不能，我学不厌，而教不倦也。’子贡曰：‘学不厌，智也；教不倦，仁也。’”[②]（《孟子·公孙丑上》）

学：学习；厌：与“倦”同义，厌倦；诲：教诲。“学而不厌，诲人不倦”的意思是：努力学习而不厌倦，教诲学生而不倦怠。教师要传道授业解惑，须知识丰富、品德高尚，如此就须不断学习。明代王夫之说：“欲明人者先自明，博学详说之功，其可不自勉乎！”[③]（《四书训义》）教师之所以要“诲人不倦”，除了职责所系，还有一个重要原因在于学习是一个逐渐积累的过程。宋代欧阳修说：“凡学，本于人性，磨揉迁革使趋于善，……其教于人者勤，而入于人者渐，勤则不倦，渐则迟久而深。夫以不倦之意待迟久而成功者，三王之用心也。”[④]（《吉州学记》）即是说教育者须以不知疲倦的精神教育学生，

---

① 张燕婴译注，《论语》，中华书局，2006 年。

② 万丽华、蓝旭译注，《孟子》，中华书局，2006 年。

③ 王夫之著，《船山全书》，岳麓书社，2011 年。

④ 欧阳修著，李逸安点校，《欧阳修全集》，中华书局，2001 年。

使学生逐步积累和进步，方能达到长久而深远的育人功效。

宋代朱熹指出了何谓“学厌”“教倦”及其产生原因：“‘学不厌’，在学者久亦易厌”；“‘教不倦’，如以他人之事为不切于己，便是倦”；“视人与己若无干涉，诲之安能不倦！”[①]（《朱子语类·论语十六》）教师如果认为学生的成长与自己不相干，再加之从教时间长了，就容易产生疲倦感。要克服这种职业倦怠，教师既要保持学习的进取心，还要“视徒如己”[②]（《吕氏春秋·诬徒》），把学生成长看作是与自己密切相关的事情。

历史上有许多关爱学生而诲人不倦的学者。如宋代吕大临记述他的老师张载：“答问学者，虽多不倦，有不能者，未尝不开其端。其所至必访人才，有可语者，必丁宁以诲之，惟恐其成就之晚。”[③]（《吕大临横渠先生行状》）宋代朱熹在南康做知州时，尽管公务繁忙，但一到休假就去白鹿洞书院，“诸生质疑问难，诲诱不倦”[④]。对跟随自己游学的人，朱熹与他们“讲论经典，商略古今，率至夜半。虽疾病支离，至诸生问辨，则脱然沉疴之去体。一日不讲学，则惕然常以为忧”[⑤]（《宋元学案·晦翁学案下》）。要能做到这样，教师须对学生充满爱心，如孔子所说：“爱之，能勿劳乎？忠焉，能勿诲乎？”[⑥]（《论语·宪问》）

（华南理工大学　张乐平）

---

① 黎靖德编，王星贤点校，《朱子语类》，中华书局，1986 年。
② 许维遹撰，梁运华整理，《吕氏春秋集释》，中华书局，2009 年。
③ 张载著，章锡琛点校，《张载集》，中华书局，1978 年。
④ 王懋竑撰，何忠礼点校，《朱熹年谱》，中华书局，1998 年。
⑤ 黄宗羲原著，全祖望补修，陈金生、梁运华点校，《宋元学案》，中华书局，1986 年。
⑥ 张燕婴译注，《论语》，中华书局，2006 年。

以文化人 | Civilize people with culture.

“以文化人”，源自《周易·贲》：“刚柔交错，天文也。文明以止，人文也。观乎天文，以察时变；观乎人文，以化成天下。”[①]宋代程颐《周易程氏传》释曰：“天文，天之理也；人文，人之道也。”“天文，谓日月星辰之错列，寒暑阴阳之代变。观其运行，以察四时之迁改也。”“人文，人理之伦序。观人文以教化天下，天下成其礼俗，乃圣人用贲之道也。”[②]在这里，“人文”与“化成天下”紧密联系，“以文教化”的思想已十分明确。

《周易·系辞下》云：“物相杂，故曰文。”[③]“文”由物象交错的自然状态，引申为“文字”和“文辞”，逐渐抽象为人类活动的一种规律，表达丰富多彩、整体有序之义，具有“华丽”“美”“善”“德”的含义。《礼记·乐记》：“礼减而进，以进为文；乐盈而反，以反为文。”[④]汉代郑玄注：“文，犹美也，善也。”[⑤]《国语·周语下》：“夫敬，文之恭也。”三国吴韦昭注：“文者，德之总名也。”[⑥]

“化”本意为“变化，改变”，从人从匕，像二人相倒背之形，一正一反，以示变化。《礼记·乐记》：“和，故百物皆

① 王弼撰，楼宇烈校释，《周易注》，中华书局，2011年。
② 程颢、程颐著，王孝鱼点校，《二程集》，中华书局，1981年。
③ 王弼撰，楼宇烈校释，《周易注》，中华书局，2011年。
④ 孙希旦撰，沈啸寰、王星贤点校，《礼记集解》，中华书局，1989年。
⑤ 阮元校刻，《十三经注疏·礼记正义》（清嘉庆刊本），中华书局，2009年。
⑥ 徐元诰撰，王树民、沈长云点校，《国语集解》（修订本），中华书局，2002年。

化。”[①]郑玄注:“化，犹生也。”[②]汉代许慎《说文解字》云:“化，教行也，从匕从人。”“匕，变也，从到人。”清代段玉裁注:“教行于上，则化成于下。”“今以化为变匕字矣。”[③]“化”字含有把倒人“变正”的意思，故有“教化”“感化”的含义。

“文”与“化”连成一个词，较早见于西汉刘向《说苑·指武》:“圣人之治天下也，先文德而后武力。凡武之兴，为不服也，文化不改，然后加诛。”[④]这里的“文化”是指文治为法，以礼乐典章制度为依据而教化臣民，“文化”的本意就是以文教化，通过教育使人心、风俗得到改变。《文选·补亡诗》:“文化内辑，武功外悠。”[⑤]此处文化与武功、武威相对，皆是“以文化人”“以文教化”之意。

“以文化人”是以“文德”通过“化”的方式教化人性。中国传统教育注重“以文化人，以文育人”，认为教育的真谛是“文化”的过程。孟子将“如时雨化之”[⑥]（《孟子·尽心上》）列为教育之首。荀子强调要“化性而起伪”，以“文理隆盛”达到人之美善，“故古者圣人以人之性恶，以为偏险而不正，悖乱而不治，故为之立君上之执以临之，明礼义以化之”。[⑦]（《荀子·性恶》）

（东南大学　宋业春、耿有权）

① 孙希旦撰，沈啸寰、王星贤点校，《礼记集解》，中华书局，1989年。
② 阮元校刻，《十三经注疏·礼记正义》（清嘉庆刊本），中华书局，2009年。
③ 许慎撰，段玉裁注，《说文解字注》，上海古籍出版社，1981年。
④ 刘向撰，向宗鲁校证，《说苑校证》，中华书局，1987年。
⑤ 萧统辑，李善注，《宋尤袤刻本文选》，国家图书馆出版社，2017年。
⑥ 万丽华、蓝旭译注，《孟子》，中华书局，2006年。
⑦ 梁启雄著，《荀子简释》，中华书局，1983年。

有教无类 | Make no social distinctions in teaching.

“有教无类”，语出《论语·卫灵公》：“子曰：‘有教无类。’”[1]意指教育学生不要分类别，不分等级、身份、天资禀赋等。孔子之所以提出“有教无类”的教育思想，一方面是孔子认为“性相近也，习相远也”[2]（《论语·阳货》），人性先天是相近的，后天学习可以改变；另一方面是在之前的社会中，教育主要是官办和自办，“古之教者，家有塾，党有庠，术有序，国有学”[3]（《礼记·学记》），平民很难得到应有的教育。因此，孔子秉持“泛爱众，而亲仁”[4]（《论语·学而》）的思想，从“仁”的观念出发，坚持对一切人实施教育的原则。子曰：“自行束修以上，吾未尝无诲焉！”[5]（《论语·述而》）南朝梁皇侃《论语义疏》云：“人乃有贵贱，同宜资教，不可以其种类庶鄙而不教之。教之则善，无本类之也。”[6]宋代朱熹集注：“人性皆善，而其类有善恶之殊者，气习之染也。故君子有教，则人皆可以复于善，而不当复论其类之恶矣。”[7]

孔子提出“有教无类”的教育思想，并亲自实践。据汉代

---

① 张燕婴译注，《论语》，中华书局，2006年。
② 张燕婴译注，《论语》，中华书局，2006年。
③ 孙希旦撰，沈啸寰、王星贤点校，《礼记集解》，中华书局，1989年。
④ 张燕婴译注，《论语》，中华书局，2006年。
⑤ 张燕婴译注，《论语》，中华书局，2006年。
⑥ 皇侃撰，高尚榘校点，《论语义疏》，中华书局，2013年。
⑦ 朱熹撰，《四书章句集注·论语集注》，中华书局，1983年。

司马迁《史记·孔子世家》记载，孔子“以诗书礼乐教，弟子盖三千焉，身通六艺者七十有二人”[①]。清代朱彝尊作《孔子弟子考》共收集到九十八人，他们来自鲁、齐、卫、晋、宋、陈、蔡、秦、楚等国，既有出自贵族阶层的，如南宫敬叔、司马牛、孟懿子；也有很多出身贫贱的，如颜回、曾参、闵子骞、仲弓、子路、子张、公冶长等；还有像子贡这样“家累千金”的大商人。这说明孔子所言“有教无类”并不是一句空话，其弟子多数是平民。难能可贵的是，这些出自平民家庭的弟子被孔子教育成为德才兼备、有益于社会的人。平民教育最能体现孔子“有教无类”的教育精神和施教原则。兹举案例如下。

颜回：“贤哉！回也。一箪食，一瓢饮，在陋巷。人不堪其忧，回也不改其乐。贤哉！回也。”[②]（《论语·雍也》）

子路：“《尸子》曰子路，卞之野人。”[③]（《史记·仲尼弟子列传》集解引）“昔者由也事二亲之时，常食藜藿之实，为亲负米百里之外。”[④]（《孔子家语·致思》）

曾参：穷居卫国，“缊袍无表，颜色肿哙，手足胼胝。三日不举火，十年不制衣”[⑤]（《庄子·让王》）。

① 司马迁撰，《史记》，中华书局，1982 年。
② 张燕婴译注，《论语》，中华书局，2006 年。
③ 司马迁撰，《史记》，中华书局，1982 年。
④ 王德明主编，《孔子家语译注》，广西师范大学出版社，1998 年。
⑤ 郭庆藩撰，王孝鱼点校，《庄子集释》，中华书局，2004 年。

止于至善 | Strive for absolute perfection.

“止于至善”，语出《礼记·大学》：“大学之道，在明明德，在亲民，在止于至善。”[①]此被称为《大学》“三纲领”。宋代朱熹集注解释说：“程子曰：‘亲，当作新。’大学者，大人之学也。明，明之也。明德者，人之所得乎天，而虚灵不昧，以具众理而应万事者也。但为气禀所拘，人欲所蔽，则有时而昏；然其本体之明，则有未尝息者。故学者当因其所发而遂明之，以复其初也。新者，革其旧之谓也，言既自明其明德，又当推以及人，使之亦有以去其旧染之污也。止者，必至于是而不迁之意。至善，则事理当然之极也。言明明德、新民，皆当至于至善之地而不迁。盖必其有以尽夫天理之极，而无一毫人欲之私也。此三者，大学之纲领也。”[②]朱熹在解释中融入了其理学思想。

依儒家思想，“三纲领”与“八条目”融为一体。“三纲领”要通过“八条目”来体现。“八条目”是什么？《礼记·大学》：“古之欲明明德于天下者，先治其国；欲治其国者，先齐其家；欲齐其家者，先修其身；欲修其身者，先正其心；欲正其心者，先诚其意；欲诚其意者，先致其知；致知在格物。物格而后知至，知至而后意诚，意诚而后心正，心正而后身修，身修而后家齐，家齐而后国治，国治而后天下平。”[③]朱熹注曰：“此八者，大

---

① 孙希旦撰，沈啸寰、王星贤点校，《礼记集解》，中华书局，1989年。
② 朱熹撰，《四书章句集注·大学章句》，中华书局，1983年。
③ 孙希旦撰，沈啸寰、王星贤点校，《礼记集解》，中华书局，1989年。

学之条目也。”[1]即“格物、致知、诚意、正心、修身、齐家、治国、平天下”。又曰：“修身以上，明明德之事也。齐家以下，新民之事也。”人若“止于至善”，必须不断追求其“理”。“止者，所当止之地，即至善之所在也。”“至善，则事理当然之极也。”[2]

人之践行“止于至善”，正在于“八条目”的功夫。清代吕留良在《四书讲义·大学一》中对其原理做了详解：“有谓大人之学，尽其心而已。‘明明德’是存此心，‘新民’是推此心，而‘止至善’则又尽其心而无遗。”“至善，谓‘明明德’‘新民’各有极至之则。‘止至善’者，如学圣必孔子，而夷惠非所由；治法必唐、虞、三代，而五霸、汉、唐不足效之谓也。”“‘止至善’之事，只附在‘明’‘新’两纲领上，更无第三项用力处。故‘止至善’只说知，不说行，非‘止至善’无行，行即在‘明’‘新’内也。”“‘止至善’一纲领之要，只在乎‘知’，一知即自然定静安虑而得，故朱子谓‘定、静、安、虑、得五字，是功效次第，不是功夫节目’，非谓凭空了悟可得，言其功夫即在八条目也。”[3]东南大学、厦门大学皆以“止于至善”作为校训，启迪学生追求人生理想，做至善之人。

（东南大学　耿有权）

① 朱熹撰，《四书章句集注·大学章句》，中华书局，1983年。
② 朱熹撰，《四书章句集注·大学章句》，中华书局，1983年。
③ 吕留良撰，俞国林编，《吕留良全集》，中华书局，2015年。

志道据德，依仁游艺

Aspire for the truth，hold on to virtue，act with benevolence，and develop abilities with pleasure.

“志道据德，依仁游艺”，源自《论语·述而》：“子曰：‘志于道，据于德，依于仁，游于艺。’”[①]宋代朱熹集注：“志者，心之所之之谓”；“据者，执守之意”；“依者，不违之谓”；“游者，玩物适情之谓”。“道，则人伦日用之间所当行者是也。如此而心必之焉。”“德者，得也，得其道于心而不失之谓也。得之于心而守之不失，则终始惟一，而有日新之功矣。”“仁，则私欲尽去而心德之全也。”“艺，则礼乐之文，射、御、书、数之法。”[②]

“志、据、依、游”是相互关联、各有特色、外教和内省相辅相成的教和学的方法，“道、德、仁、艺”是相互呼应、各自独立、外教和内省相得益彰的教和学的内容，有助于实现教师外部干预和学生内在动力不断激发的完美结合，有助于拥有全面发展的教育体验。

“志道据德，依仁游艺”，是一个循序渐进而相辅相成的入近圣贤的过程，正如朱熹集注所言：“学者于此，有以不失其先后之序、轻重之伦焉，则本末兼该，内外交养，日用之间，无少间隙，而涵泳从容，忽不自知其入于圣贤之域矣。”[③]

---

① 张燕婴译注，《论语》，中华书局，2006 年。
② 朱熹撰，《四书章句集注·论语集注》，中华书局，1983 年。
③ 朱熹撰，《四书章句集注·论语集注》，中华书局，1983 年。

作为教和学内容的“道、德、仁、艺”，既有一个基于传统的历史共识问题，又有一个与时俱进的时代释读和要求问题。道之为道，几乎无所不及；德之为德，几乎无所不容。“道”“德”融合，则为“道德”，“道德”的最为简洁的指向就是“仁”。《孟子·离娄下》的“仁者爱人”[①]和《礼记·中庸》的“仁者，人也”[②]，则充分揭示了人的本质和仁的灵魂。至于“艺”，原来特指礼、乐、射、御、书、数等六艺，后世之“艺”，则有增删替补修正，因时而异，因人而异了。

《朱子语类·论语十六》：“文中子说：‘圣人志道，据德，依仁，而后艺可游也。’此说得自好。”[③]明代王阳明《书玄默卷》：“玄默志于道矣，而犹有诗文之好，何耶？奕，小技也，不专心致志则不得，况君子之求道，而可分情于他好乎？孔子曰：‘词达而已矣。’盖世之为词章者，莫不以是借其口，亦独不曰‘有德者必有言，有言者不必有德’乎？德，犹根也；言，犹枝叶也。根之不植，而徒以枝叶为者，吾未见其能生也。”[④]其先后之论和根叶之论，可为“道、德、仁、艺”关系的释读，提供一定的参考。

（中国人民大学　韩陈其）

---

① 万丽华、蓝旭译注，《孟子》，中华书局，2006 年。
② 王国轩译注，《大学　中庸》，中华书局，2006 年。
③ 黎靖德编，王星贤点校，《朱子语类》，中华书局，1986 年。
④ 王守仁著，王晓昕、赵平略点校，《王文成公全书》，中华书局，2015 年。

后记

书稿完成之际，感慨万千，首涌心头的是无比的崇敬与感激之情。感激中华民族历代先贤的教育智慧和教育思想，这些思想的不断积淀与发展，为一代又一代人才成长和五千年中华文化的传承做出了至伟贡献。

本书的构想始于 2015 年。2018 年 4 月，中国学位与研究生教育学会会员部和研究生教育学专业委员会通过网站和微信公众号面向教育界和社会人士发起教育规律的征集活动，历时两个月，许多专家、教师和社会人士参与其中，最终收集到大家心目中的教育规律一百二十余条。

其后本书编委及相关专家多次讨论，遴选了出自中国古代典籍的三十六条育人规律（原则、理念）方面的箴言断语，并组织清华大学、厦门大学、东南大学、华南理工大学、哈尔滨工业大学、北京航空航天大学、北京理工大学、中国人民大学、北京语言大学、北京师范大学和首都师范大学的二十二位老师撰写释文。老师们认真查阅文献，精心撰写，数易其稿，最后由李宇明教授统稿，编委集体讨论定稿。哈尔滨工业大学周之南，清华大学钟周，北京航空航天大学包艳华、苏衡完成了本书多数词目的英文翻译，以及其余已有译句的选择或修改，周之南逐条核定。所有参与者的才学和辛劳付出共同成就了这本书。

本书集中挖掘整理了中国古代先贤揭示和总结的一些育人原则和规律，期望看到广大读者的意见和见解，以使后续其他方面教育规律的编撰工作做得更好。

最后，感谢商务印书馆对本书编辑出版给予的鼎力支持。

编委会

2018 年 12 月

图书在版编目（CIP）数据

教育规律读本：育人三十六则 / 中国学位与研究生教育学会编 .—北京：商务印书馆，2019（2019.6 重印）
ISBN 978-7-100-17277-6

Ⅰ .①教…　Ⅱ .①中…　Ⅲ .①教育学　Ⅳ .① G40

中国版本图书馆 CIP 数据核字（2019）第 063109 号

教育规律读本

——育人三十六则

中国学位与研究生教育学会　编

商 务 印 书 馆 出 版
（北京王府井大街 36 号　邮政编码 100710）
商 务 印 书 馆 发 行
北京艺辉伊航图文有限公司印刷
ISBN 978-7-100-17277-6

2019 年 5 月第 1 版　　开本 710 × 1000　1/16
2019 年 6 月北京第 2 次印刷　印张 5 ½
定价：25.00 元